Diga não ao Câncer

Patrick Holford

Diga não ao Câncer

Tradução
MIRTES FRANGE DE OLIVEIRA PINHEIRO

EDITORA CULTRIX
São Paulo

Título do original: *Say No To Cancer.*

O primeiro número à esquerda indica a edição, ou reedição, desta obra. A primeira dezena à direita indica o ano em que esta edição, ou reedição, foi publicada.

Edição	Ano
1-2-3-4-5-6-7-8-9-10	02-03-04-05-06-07-08-09

Direitos de tradução para o Brasil
adquiridos com exclusividade pela
EDITORA PENSAMENTO-CULTRIX LTDA.
Rua Dr. Mário Vicente, 368 — 04270-000 — São Paulo, SP
Fone: 272-1399 — Fax: 272-4770
E-mail: pensamento@cultrix.com.br
http://www.pensamento-cultrix.com.br
que se reserva a propriedade literária desta tradução.

Impresso em nossas oficinas gráficas.

Sumário

Agradecimentos

O câncer é um assunto complexo, e sou muito grato a todos os pesquisadores cujos trabalhos têm contribuído para os progressos alcançados nessa área. Sou muito grato também ao especialista em nutrição e câncer, dr. Richard Passwater — que reviu todos os estudos sobre câncer, analisou o original e forneceu orientação durante toda a confecção do livro. Meus agradecimentos também à equipe do Fundo Internacional de Pesquisa do Câncer (WCRF), cujo documento de 670 páginas me ajudou a incluir o tópico da alimentação anticancerígena. Por fim, meu muito obrigado à Natalie Savona, por seu trabalho inestimável de pesquisa, edição e assistência, e a Kelly Davis e Rachel Winning da Piatkus, por seus conselhos, apoio e estímulo.

Guia de Abreviaturas e Medidas

1 grama (g) = 1.000 miligramas (mg) = 1.000.000 microgramas (mcg ou µg). A maioria das vitaminas é medida em miligramas ou microgramas. As vitaminas A, D e E também são medidas em Unidade Internacional [International Units] (UI), criada com a finalidade de padronizar as diversas formas dessas vitaminas que possuem potências diferentes.

1mcg de retinol (mcgER) = 3,3UI de vitamina A (ER = Equivalentes de Retinol)

1 mcgER de beta-caroteno = 6mcg de betacaroteno

100 UI de vitamina D = 2,5 mcg

100 UI de vitamina E = 67 mg

1 pound (lb) = 16 onças (oz) 2,2 lb = 1 quilograma (kg)

Neste livro, calorias significa quilocalorias (kcal)

Referências e Fontes Adicionais de Informações

Centenas de referências retiradas de fontes respeitadas da literatura científica foram utilizadas na confecção deste livro. As referências para os estudos específicos abordados estão relacionadas na página 204, juntamente com sugestões para leituras adicionais. Outras pesquisas de apoio foram realizadas na Biblioteca Lamberts, no Institute for Optimum Nutrition (ION). Os sócios da biblioteca têm plena liberdade para consultar os livros e conduzir estudos em suas dependências. O ION também possui serviços de informação, incluindo instrumentos de busca para os leitores que querem consultar assuntos específicos da literatura científica. Na página 216, você encontrará também uma lista de Leituras Recomendadas, com as indicações dos melhores livros disponíveis no mercado sobre os tópicos abordados em cada capítulo, caso queira se aprofundar no assunto.

Introdução

Nenhum diagnóstico instila mais medo nos pacientes do que o de câncer. Tido como incurável, de causa desconhecida, o câncer representa atualmente o mesmo que deve ter representado a peste que afligiu o século XVIII. Vivemos com medo e evitamos falar sobre o assunto. Neste ínterim, enquanto enterramos a cabeça na areia, essa doença se tornou a segunda causa de morte prematura no mundo ocidental e, segundo as previsões, dentro de 20 anos será a primeira. O câncer já é o principal responsável pela morte de pessoas com menos de 50 anos de idade.

O Câncer é uma Invenção do Século XX

No entanto, talvez você se surpreenda ao saber que essa doença, em grande parte, é uma invenção do século XX. Antes, os cinco principais tipos de câncer — pulmão, mama, estômago, colorretal e próstata — de certa forma eram desconhecidos. O aumento da incidência dessa doença coincide com a industrialização e "quimicalização" do mundo. Quanto mais desenvolvido o país, mais tipos de câncer. Quanto maior a renda *per capita*, maior a incidência.[1]

O que acontece é que a maior parte dos tipos de câncer resulta, sobretudo, das mudanças que fizemos no ambiente totalmente químico em que vivemos — o que comemos, bebemos e respiramos. Os padrões de alteração do câncer num mundo economicamente desenvolvido mostram que sua incidência é fortemente influenciada pelos fatores ambientais. De acordo com um dos mais proeminentes cientistas britânicos da área médica, *Sir* Richard Doll, esses fatores ambientais são responsáveis por 90 por cento de todos os casos de câncer. Os oncologistas mais conservadores dizem que pelo menos 75 por cento dos cânceres estão associados aos fatores ambientais e ao estilo de vida.

No espaço de duas gerações, a humanidade criou dez milhões de substâncias químicas novas e, inadvertidamente, liberou milhares delas no meio ambiente. Muitas são carcinogênicas (ou seja, podem causar câncer), e nós as levamos para dentro do nosso organismo junto com os alimentos, com o ar e com a água. Algumas dessas substâncias químicas são facilmente evitáveis — outras não.

Ao que parece, estamos cavando a própria sepultura com nossos garfos e facas. A alimentação moderna — composta por alimentos refinados, misturados com substâncias químicas e destituídos de nutrientes — é apontada como a maior causa isolada do câncer. Em contrapartida, segundo o Fundo Internacional de Pesquisa do Câncer, com uma alimentação correta podemos reduzir esse risco em até 40 por cento. A Comissão Européia estima que um quarto de milhão de pessoas poderiam ser salvas todos os anos nos 12 países que formam a União Européia, apenas com a mudança dos hábitos alimentares. Segundo a Campanha de Pesquisa do Câncer, na Inglaterra: "Pelo menos três em cada quatro casos de câncer poderiam ser evitados, mas isso só acontecerá se as mensagens forem assimiladas ainda na juventude."

Mas o câncer não está relacionado apenas com a alimentação. Sem saber, nós nos expomos a substâncias químicas em casa e no local de trabalho; minimizando essa exposição, podemos reduzir sobremaneira o risco de contrair câncer.

Como Estimular o Sistema Imunológico

Evitar ou reduzir as substâncias químicas consideradas cancerígenas constitui apenas um lado da equação do câncer. O outro lado consiste em fortalecer as defesas do organismo. As substâncias carcinogênicas não são nenhuma novidade. Elas existem na natureza, até mesmo nos alimentos saudáveis que ingerimos todos os dias, mas não representam necessariamente um problema, pois o organismo foi planejado para se desintoxicar. O problema começa quando as defesas do organismo estão baixas e nos expomos a carcinogênicos demais.

Por esse motivo, é importantíssimo que você melhore o seu sistema imunológico. Seu risco de desenvolver câncer pode ser literalmente eliminado se você aliar esses três fatores: evitar os carcinogênicos conhecidos; fazer uma alimentação correta e estimular o seu sistema imunológico. As provas apresentadas neste livro sugerem enfaticamente que você "diga não ao câncer".

Estamos Ganhando a Guerra Contra o Câncer?

Apesar de sabermos como reduzir drasticamente os riscos de contrair câncer, a triste verdade é que não estamos tomando as medidas necessárias — salvo raríssimas exceções. A incidência de câncer de pulmão, por exemplo, atualmente está diminuindo no Reino Unido à medida que diminui o número de fumantes. Os cânceres de colo de útero e estômago também estão em declínio. Mesmo assim, o índice dessa doença em geral, que hoje em dia acomete uma em cada três pessoas e mata uma em cada quatro, ainda está subindo.

Segundo uma pesquisa realizada no Reino Unido pela East Anglian Cancer Intelligence Unit da Universidade de Cambridge, estamos nos encaminhando para uma epidemia.[2] Embora essa doença atualmente represente a segunda causa mais comum de óbitos, dentro de 20 anos o risco de desenvolver câncer será superior a 50 por cento. O Instituto Nacional de Câncer dos Estados Unidos também prevê aumento do número de mortes.

É verdade que a incidência de alguns tipos de câncer está diminuindo, mas o que é particularmente preocupante é o aumento dos cânceres relacionados a hormônios. Trata-se de cânceres de tecidos sensíveis a hormônios que, nos homens, são representados pelo câncer de próstata e de testículo e, nas mulheres, pelo câncer de mama, de colo de útero, de ovário e de útero (endométrio).

Tomemos como exemplo o câncer de mama. Atualmente, uma em cada 12 mulheres tem câncer de mama nos EUA — uma em oito no Reino Unido. A incidência de um tipo de câncer de colo de útero, o adenocarcinoma, também quadruplicou em 20 anos. A previsão é que dentro de 20 anos um em cada quatro homens tenha câncer de próstata.[3] Na verdade, as pessoas estão contraindo esses tipos de câncer com maior freqüência e mais cedo do que uma década atrás. É muito provável que as mudanças realizadas nos hábitos alimentares e a exposição às toxinas ambientais desempenhem um papel significativo nesse fato.

Em 1992, uma declaração assinada por 69 médicos e cientistas respeitadíssimos nos Estados Unidos afirmou: "Ao longo da última década, cerca de cinco milhões de americanos morreram de câncer, e existem provas crescentes de que grande parte dessas mortes poderia ter sido evitada."[4]

Pelo Menos Estamos Tentando Combatê-lo?

O objetivo dessa declaração era protestar contra o malogro das políticas governamentais e das instituições de combate ao câncer. Acontece o mesmo no Reino Unido. Pouquíssimos recursos têm sido destinados a pesquisas de prevenção, e a maior parte do dinheiro é canalizada para os tratamentos tradicionais que utilizam cirurgia, fármacos ou quimioterapia.

Infelizmente, o tratamento convencional — cujo conceito é bastante medieval — (pois consiste basicamente em extirpar, queimar ou combater o câncer com fármacos) provou ser extremamente ineficaz. Os que defendem os tratamentos atuais argumentam que no caso de câncer de mama, por exemplo, o índice de sobrevivência aumentou de 60 para 75 por cento nos últimos 30 anos. Eles alegam que isso representa uma melhora de 15 por cento. No entanto, a taxa de mortalidade por câncer no mesmo período permaneceu inalterada. O que acontece, de fato, é que as pessoas estão sendo diagnosticadas mais cedo e, por isso, parecem ter sobrevida maior.

Embora a prevenção seja melhor do que a cura, o fato é que a prevenção do câncer não é lucrativa. A maior parte das instituições beneficentes de combate ao câncer tem ligações estreitas com as indústrias química e farmacêutica. Algumas pessoas acreditam que o principal interesse consiste em lucrar com o tratamento do câncer e não em enfocar as verdadeiras causas da doença — ou seja, a alimentação moderna e a exposição exagerada a substâncias químicas cancerígenas. Existe, contudo, uma lista de fatores associados ao aumento crescente do risco de câncer que poderiam ser evitados. Essas informações podem ser obtidas com um clínico geral ou um nutricionista.

A Prevenção é Melhor do que a Cura

A prevenção é importante tanto para quem tem como para quem não tem câncer. A maneira mais fácil de ficar livre dessa doença, em primeiro lugar, é fazer todas as coisas certas. Além disso, as pessoas que são diagnosticadas precocemente muitas vezes conseguem evitar a evolução ou a recidiva do câncer. Os cânceres primários raramente são fatais. Os que ceifam tantas vidas são os secundários.

Portanto, uma vez diagnosticado, é absolutamente essencial fazer uma alimentação correta, evitar substâncias cancerígenas e estimular o sistema imunológico. O propósito deste livro é explicar o que significa isso na prática. Mas, primeiro, vale a pena saber o que causa o câncer e o que você pode fazer para manter o seu organismo saudável.

Como Utilizar Este Livro

O câncer é uma questão muito complexa, por esse motivo elaborei este livro de uma forma que você possa compreender o que precisa fazer para reduzir o risco de contrair essa doença.

A Parte 1 explica o que é câncer, quais os fatores que influenciam o seu desenvolvimento e por que você pode esperar proteção quase total se seguir os conselhos apresentados.

A Parte 2 revela as ligações entre os diferentes tipos de alimentos e o desenvolvimento ou não de câncer. Essa seção o ajudará a compreender a base das recomendações práticas apresentadas posteriormente neste livro.

A Parte 3 identifica os fatores de risco ambientais e relacionados ao estilo de vida — com recomendações especiais no Capítulo 17.

A Parte 4 reúne provas de como os nutrientes e outros remédios naturais podem ajudar a evitar o câncer.

A Parte 5 oferece diretrizes claras e práticas para que você possa ficar livre dessa doença e, caso seja um paciente de câncer, possa maximizar a sua recuperação.

Finalmente, a Parte 6 apresenta conselhos específicos sobre fatores de risco, prevenção e apoio nutricional para cada tipo de câncer.

Recomendação Médica

Muitas das estratégias apresentadas por este livro são comprovadamente eficazes, mas as recomendações feitas não substituem as do médico. Caso deseje alterar sua medicação, por favor consulte seu médico.

PARTE 1

QUAL A CAUSA DO CÂNCER?

O que é Câncer?

1

Talvez você fique surpreso ao saber que todos nós temos câncer. O câncer ocorre quando as células começam a se comportar de forma anormal — crescendo, multiplicando-se e disseminando. É como uma revolução dentro do organismo, quando um grupo de células pára de trabalhar em harmonia com todo o organismo e começa a crescer desordenadamente. Todos nós produzimos células cancerosas, portanto as células revolucionárias ocasionais constituem ocorrência bastante comum. O sistema imunológico de uma pessoa saudável simplesmente isola e destrói essas agressoras antes que elas comecem a formar uma massa cancerosa. Todavia, no caso de câncer, o sistema de defesa é dominado e a doença é disseminada. O segredo para evitar o câncer é compreender como e por que isso acontece.

Um embrião se transforma num bebê e, no final, num ser humano completo, pois as células estão programadas para se multiplicar — duas — quatro — oito — dezesseis e assim por diante — até chegar aos 30 trilhões de células que formam um adulto. As primeiras células são semelhantes entre si; conforme se desenvolvem, começam a se diferenciar umas das outras e assumem funções específicas no organismo. Muito embora a maioria das células continue a ser substituída durante todo o curso da vida, geralmente param de crescer ou de se multiplicar e basicamente se acomodam (como boas cidadãs) para desempenhar suas obrigações específicas, respeitando suas vizinhas.

Se, entretanto, uma célula for danificada de alguma forma, ela pode começar a se comportar de forma primitiva, crescendo e se multiplicando, deixando de respeitar suas vizinhas e de desempenhar suas funções. Essa é uma célula cancerosa. A maioria das células cancerosas será detectada pelo sistema imunológico e eliminada. Algumas, contudo, parecem ser mais resistentes, ou conseguem se desenvolver, pois o sistema de defesa do organismo está fraco.

Essas células podem formar grupos de células "indiferenciadas". Quando as células não estão, na realidade, se multiplicando nem impondo risco imediato, o crescimento é chamado de tumor benigno. Contudo, quando estão se multiplicando, é chamado de tumor maligno.

Oportunamente, as células cancerosas em multiplicação se transformam numa massa cancerosa. Assim como quaisquer outras células, elas precisam de alimento para poder continuar em atividade, e por esse motivo a massa desenvolve seu próprio suprimento de sangue. Dependendo do local e do tamanho da célula cancerosa, os sintomas podem se tornar aparentes. Durante a realização de uma autópsia, após morte de outra natureza, descobre-se que muitas pessoas tinham uma massa cancerosa sem que nem mesmo tivessem consciência disso. Esses cânceres "primários" possuem nomes diferentes, dependendo do tipo de tecido em que ocorrem e da sua localização. A maioria dos cânceres em seres humanos são carcinomas (carcin(o) = câncer; oma = tumor), tumores malignos que surgem de células epiteliais. Os melanomas (melano = preto), por exemplo, são tumores cancerosos dos melanócitos, células cutâneas que produzem o pigmento melanina. Sarcoma é um termo geral para qualquer câncer que surja das células musculares ou dos tecidos conjuntivos. Por exemplo, sarcomas osteogênicos (osteo = osso; gênese = origem), o

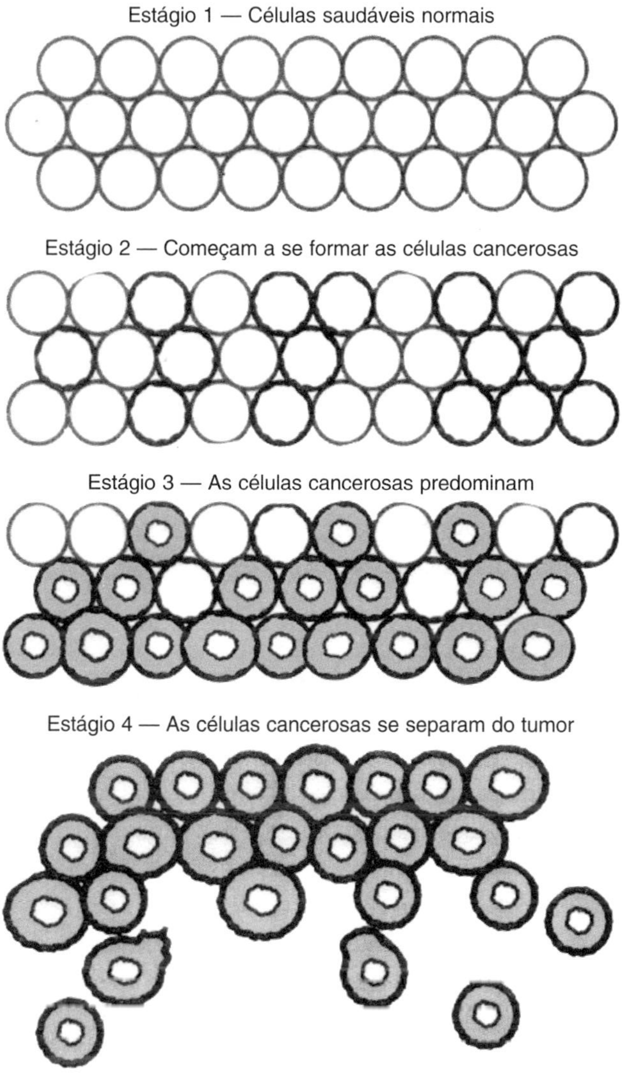

Figura 1 — Células normais *versus* células cancerosas

tipo mais freqüente de câncer infantil, destrói o tecido ósseo (tecido conjuntivo) e se espalha por outras regiões do corpo. A leucemia é um câncer dos órgãos que formam o sangue, caracterizado pelo crescimento rápido e desenvolvimento anormal dos leucócitos (células brancas do sangue) e de seus precursores. O linfoma é uma doença maligna do tecido linfático, como, por exemplo, os linfonodos. A doença de Hodgkin constitui um exemplo.

O câncer "primário" raramente é fatal. Todavia, em algum momento pode haver o desenvolvimento de uma célula cancerosa "metastática". Essas células metastáticas podem deixar a massa cancerosa original e se espalhar por todo o organismo, pela corrente sangüínea ou pelos vasos linfáticos. Em seguida, podem alojar-se em qualquer parte do corpo e começar a se multiplicar, formando os "tumores secundários".

Esses tumores secundários são mais insidiosos, muito mais difíceis de tratar e tendem a se propagar e a crescer com maior rapidez. Conseqüentemente, a chance média de sobrevivência, quando surgem esses tumores, é muito mais baixa.

Qual o Objetivo do Tratamento Convencional?

O principal objetivo do tratamento convencional contra o câncer é a detecção precoce dos tumores e a sua eliminação. Quanto mais cedo o câncer é detectado, maiores são as chances de eliminar o tumor primário antes que ele entre em metástase (ou se dissemine) e produza tumores secundários.

A detecção precoce, contudo, também não está livre de problemas. As mamografias usadas para detectar cânceres de mama podem identificar microcalcificações (pequenos depósitos de cálcio) nos seios que nunca foram sentidas antes. Essas microcalcificações podem não ser cancerosas — e se requerem ou não tratamento constitui questão controversa. As mamografias também expõem a mulher à radiação, aumentando, assim, o risco de câncer. Por esse motivo, alguns cientistas acreditam que não se justifica a realização de mamografia de rotina em mulheres com menos de 50 anos que não apresentem sintomas. O tratamento usado tradicionalmente para o câncer de mama é o tamoxifeno; no entanto, as pessoas que tomam essa medicação reagem da mesma forma que as que não tomam.

Existem três maneiras de eliminar um tumor — com cirurgia, radioterapia ou quimioterapia. Algumas formas de câncer não se prestam à cirurgias (por exemplo, o câncer no fígado, no cérebro, nos ossos e no sangue) e, nesses casos, emprega-se a quimioterapia — utilização de medicamentos tóxicos para as células cancerosas. Embora esses tratamentos sejam capazes de salvar vidas, existe um custo: todos são traumáticos e causam danos ao organismo. Progressos recentes nessa área tentaram minimizar esses danos — por exemplo, o desenvolvimento de medicamentos quimioterápicos que atingem somente as células cancerosas e não prejudicam as células saudáveis.

O apoio nutricional é importantíssimo durante esses tratamentos, pois pode reduzir os efeitos colaterais e acelerar o processo de recuperação (ver Capítulo 26). As terapias convencionais, porém, praticamente não enfatizam a necessidade de eliminar os fatores que causam a doença ou de estimular as defesas naturais do organismo, para que ele possa combater o câncer e restaurar a saúde das células.

Como Começa o Câncer?

O câncer é o crescimento descontrolado das células. A questão principal é por que as células de repente começam a crescer e a se multiplicar? Existem inúmeros tipos de câncer, e sem dúvida inúmeras respostas para essa pergunta. Entretanto, em muitos casos, um fator importante consiste no dano causado à célula.

A membrana externa (ou "pele") de cada célula contém sensores que dizem quando ela deve crescer ou se multiplicar. Se esses sensores forem danificados por substâncias químicas indesejáveis, sobrevém o câncer. Além disso, todas as células contêm instruções para o seu comportamento e para o comportamento de células futuras. Essas instruções estão contidas no interior dos genes que estão gravados no DNA (material genético encontrado em toda célula). Se uma substância química entrar no organismo e danificar o DNA, a célula pode começar a se "comportar mal", dividindo-se e produzindo mais células fora de padrão.

Alguns de nós também têm genes latentes que, se forem ativados por determinado estímulo, podem desencadear o câncer. Esses genes que favorecem o desenvolvimento do câncer são chamados de oncogenes e

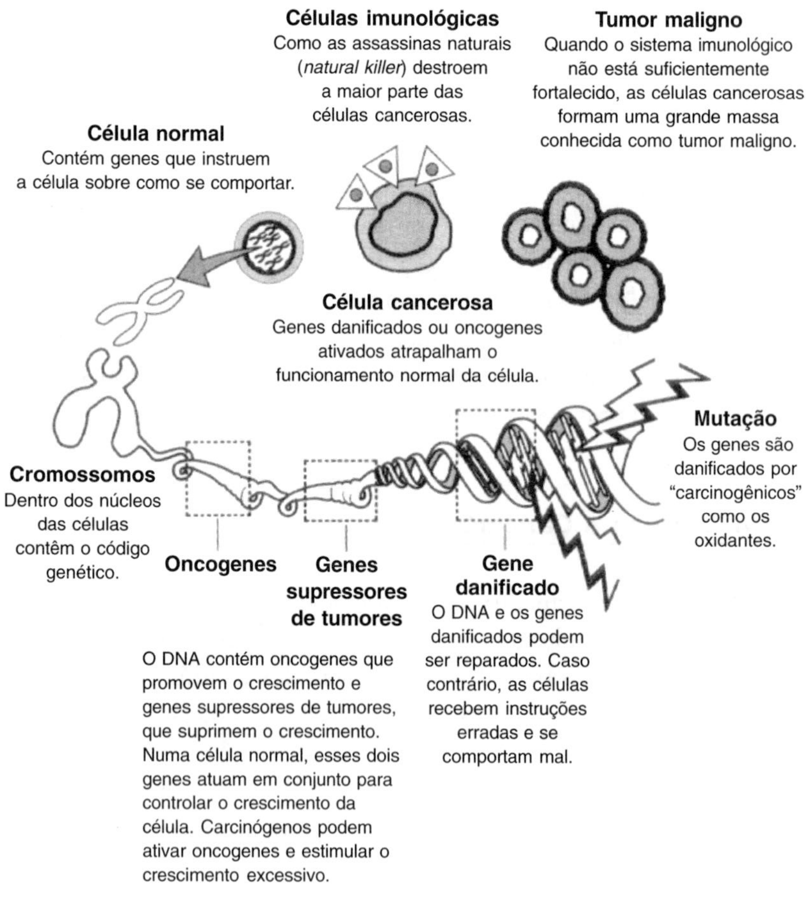

Figura 2 — O início do câncer

podem ser ativados por inúmeras substâncias químicas indesejáveis. Os fatores que podem desencadear o câncer são chamados de cancerígenos e são sobejamente discutidos nas Partes 2 e 3.

O que Promove o Câncer?

Apesar de todo esse processo de substâncias químicas indesejáveis que alteram o funcionamento da célula marcar o início do processo canceroso, ele não é suficiente para uma pessoa desenvolver um tumor maligno. Na verdade, essas alterações celulares ocorrem dentro de nós o tempo todo, produzindo células pré-cancerosas individuais que são localizadas e destruídas pelo sistema imunológico.

Para que sobrevivam e assumam o controle, as células cancerosas precisam se multiplicar e invadir os tecidos adjacentes. Para isso, a massa precisa desenvolver defesa e suprimento de sangue próprios. Inúmeras substâncias e circunstâncias podem estimular ou impedir a progressão do câncer nesse estágio. Algumas substâncias químicas, por exemplo, não iniciam o câncer, mas estimulam a sua evolução. Os cientistas chamam essas substâncias de carcinogênicos epigenéticos.

Mesmo que uma massa cancerosa seja formada pela exposição a substâncias químicas indesejáveis, essa massa ainda precisa evoluir para um estágio em que seja forte o suficiente para combater o sistema imunológico do organismo. O sistema imunológico produz um grande número de células assassinas naturais (NK), que conseguem destruir a maior parte das células cancerosas. Mas se, por exemplo, uma pessoa ingere muita bebida alcoólica — que suprime a capacidade de o sistema de defesa produzir células assassinas naturais —, a probabilidade de o câncer evoluir é maior. Não é aconselhável combinar fumo e álcool: os carcinógenos no tabaco podem iniciar o processo canceroso, enquanto o álcool favorece a sua evolução.

Mesmo depois que uma massa cancerosa desenvolve suas próprias defesas e suprimento sangüíneo, isso sozinho raramente é fatal. Se essa massa entrará ou não em metástase — liberando células cancerosas móveis que produzem cânceres secundários em outras partes do corpo —, isso também depende da química da pessoa. Alguns nutrientes reduzem o risco de metástase, ao passo que outros o promovem.

Neste livro, você conhecerá os nutrientes e alimentos que podem protegê-lo contra o câncer em cada estágio, e também quais as substâncias químicas que precisa evitar.

A Ligação Oxidante

2

Grande parte da equação do câncer, e uma das razões do seu rápido desenvolvimento no século XX, consiste na nossa maior exposição aos fatores cancerígenos, sobretudo os que prejudicam diretamente os nossos genes. Entre eles podemos citar:

- Fumo
- Fumaça dos escapamentos
- Poluição industrial
- Alimentos tostados, dourados ou fritos
- Exposição excessiva aos raios solares
- Radiação
- Vírus e bactérias

Esses e muitos outros fatores produzem substâncias químicas chamadas oxidantes (também conhecidas como "radicais livres" ou "radicais

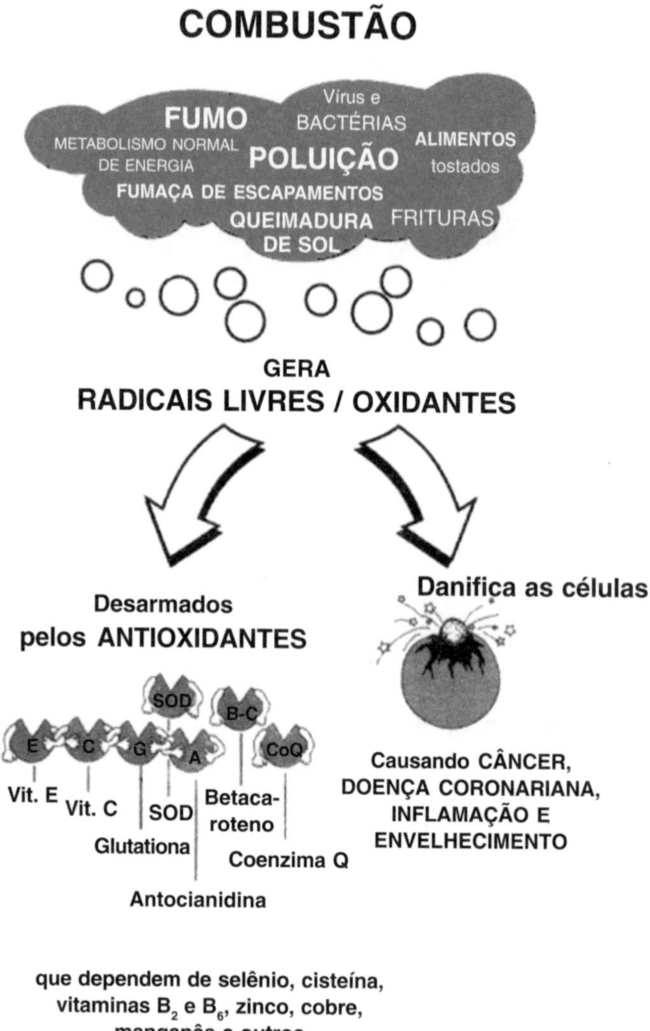

Figura 3 — Oxidantes e antioxidantes

livres oxidantes"). As substâncias oxidantes são um pouco parecidas com a fumaça tóxica liberada por qualquer processo de queima que envolve oxigênio. Nós mesmos produzimos oxidantes em nosso organismo, quando "queimamos" o carboidrato que ingerimos (para gerar energia), fazendo com que ele reaja com o oxigênio que respiramos.

Portanto, se você quiser aumentar seu risco de contrair câncer, fique no meio da principal avenida de uma cidade poluída, num dia quente de verão, respirando a fumaça dos escapamentos, comendo batatas fritas e fumando um cigarro. Nem todos fazem tudo isso de uma só vez, mas o estilo de vida de muitas pessoas envolve uma exposição considerável a oxidantes. (Os efeitos do fumo, da radiação e da exposição ao sol são discutidos mais adiante, na Parte 3.)

Em contrapartida, se você raramente come alimentos tostados, dourados ou fritos, passa pouco tempo no tráfego, vive num ambiente livre de poluição, raramente pega infecção e evita exposição excessiva ao sol, seu risco de contrair câncer será menor.

A Proteção Antioxidante

Esse é um dos lados da equação oxidante, o outro lado é representado pelos antioxidantes — substâncias químicas que neutralizam esses oxidantes prejudiciais. Existem literalmente centenas de antioxidantes, e os mais conhecidos são as vitaminas A, C e D. As provas do efeito protetor oferecido pela ingestão de quantidades ideais desses nutrientes anticancerígenos (discutidos amplamente nas Partes 3 e 4) são esmagadoras.

O poder dos antioxidantes foi claramente ilustrado por uma pesquisa publicada na revista médica britânica *The Lancet*, que analisou a relação entre os níveis de beta-caroteno (a forma vegetal de vitamina A) e o fumo.[5] Os pesquisadores descobriram que fumantes inveterados com níveis baixos de beta-caroteno corriam risco de 6,5 por cento de ter câncer do pulmão. Por outro lado, fumantes inveterados com altos níveis de beta-caroteno corriam risco de apenas 0,8 por cento. O mesmo risco de um não-fumante com níveis baixos de beta-caroteno. Por fim, os indivíduos com altos níveis de beta-caroteno e que não fumavam não corriam risco algum. Esse estudo mostra que aumentar a ingestão de nutrientes anticancerígenos é tão importante quanto limitar a ingestão de carcinógenos.

Embora a incidência geral de câncer de pulmão esteja caindo em países em que o fumo está em declínio, esse tipo de câncer, na verdade, está aumentando entre os não-fumantes.[6] Provavelmente isso se deve aos níveis crescentes de poluição no ar, sobretudo provenientes do diesel, afirma o professor Simon Wolff, toxicologista que salienta que "na região rural da China, onde as pessoas tendem a fumar muito e a poluição do ar é muito menor, a diferença entre os índices de câncer no pulmão de fumantes e não-fumantes é muito pequena, e o índice de câncer de pulmão corresponde a um terço dos índices dos países industrializados".[7] É provável também que a alimentação no interior da China seja mais rica em antioxidantes do que a alimentação típica dos países industrializados. Portanto, a equação possui duas faces.

Os Danos Ocasionados pelos Oxidantes

Precisamos compreender como os oxidantes prejudicam o organismo, para nos defendermos contra o câncer. Os oxidantes são instáveis e perigosos, pois possuem carga elétrica irregular (ao passo que uma substância química estável possui corrente elétrica regular). Os oxidantes são como solteirões carentes procurando companhia. Para se completar, eles roubam elétrons das células, instalando-se na membrana da célula ou do DNA, pois nesses locais é encontrada a maioria das "ligações duplas" (átomos que possuem duas ligações). Essas ligações duplas são particularmente suscetíveis aos danos provocados pelos oxidantes.

Outra fonte de ligações duplas é a gordura. Quanto mais insaturada, mais ligações duplas a gordura contém. As gorduras poliinsaturadas, como o óleo de girassol, possuem muitas ligações duplas e, se você utilizá-lo para frituras — o que gera temperaturas altíssimas —, essas cadeias duplas podem ser danificadas. Comendo frituras, portanto, você aumenta a sua ingestão de oxidantes que, por sua vez, pode começar a danificar as suas células.

Os antioxidantes são verdadeiros heróis. Eles enxugam as perigosas "fagulhas" oxidantes, mas, ao fazer isso, ficam oxidados e se desestabilizam. Se, no entanto, encontram outro oxidante, podem ser "recarregados". Assim como uma equipe de especialistas em desarmar bombas, os antioxidantes trabalham juntos para desarmar as perigosas fagulhas químicas chamadas oxidantes.

Essa parceria sinérgica dos antioxidantes é muito importante. Existem parcerias fundamentais entre vários antioxidantes que ficam inativos depois de terem desarmado um oxidante. Por exemplo:

- A vitamina E é reciclada pela vitamina C e pela coenzima Q
- A vitamina C é reciclada pela glutationa e pelos carotenóides (da cenoura)
- A glutationa é reciclada pela antocianidina (em frutas silvestres como amora, framboesa, cereja, groselha, acerola e morango, entre outras)

A soma do total é muito maior do que a soma das partes. Portanto, uma grande ingestão de vitaminas C e E ou de glutationa e antocianidinas oferece muito mais proteção do que um nível alto em apenas um desses nutrientes. O organismo só consegue se desintoxicar completamente de muitas substâncias prejudiciais se todos esses nutrientes estiverem presentes nas quantidades certas.

A sinergia de nutrientes também é essencial, pois existem vários tipos de oxidantes, e cada um é desarmado de forma mais eficaz por um tipo diferente de antioxidante. Portanto, para uma proteção completa contra todos os oxidantes que cruzam o seu caminho, você precisa ingerir vários antioxidantes, incluindo:

Vitamina A
Vitamina C
Vitamina E

Selênio
Glutationa
Antocianidinas
Carotenóides
Coenzima Q

Esses nutrientes são encontrados nos alimentos e podem ser ingeridos também como suplementos nutricionais, mas infelizmente essa é apenas parte da história. Existem muitas substâncias químicas cancerígenas que não causam oxidação, portanto apenas evitar oxidantes e aumentar a ingestão de antioxidantes oferece somente proteção parcial. O próximo capítulo analisa outro fator — as substâncias químicas presentes no meio ambiente que destroem os hormônios.

A Destruição dos Hormônios

3

Existem provas crescentes de que a grande incidência de câncer de mama, colo uterino e ovário nas mulheres, e de câncer de próstata e testículos nos homens, está relacionada com um distúrbio da regulação hormonal. Todos esses tecidos do organismo são especialmente sensíveis aos efeitos dos hormônios. O rápido aumento de câncer de mama e de próstata (que segundo as previsões irá afetar um quarto dos homens por volta do ano 2018) gerou preocupações com o número de substâncias químicas presentes nos alimentos, nos nossos lares e nos medicamentos, que podem estar contribuindo para aumentar o risco de desenvolver câncer.

A probabilidade de uma pessoa contrair esses cânceres relacionados com hormônios é mostrada abaixo (comparando-se os números reais em 1985 com os números das previsões para os anos 2000 e 2015).

O risco e a incidência do câncer relacionado com hormônios				
	1985	2000	2015	Aumento do risco de 1985 a 2015
Mama (mulheres)	8,6%	10,6%	13,1%	52%
Colo de útero (mulheres)	1,5%	1,4%	1,6%	7%
Uterino (mulheres)	1,2%	1,8%	2,2%	83%
Próstata (homens)	7,1%	13,5%	23,7%	234%
Testículos (homens)	0,4%	0,4%	0,6%	50%

A incidência de câncer de mama, por exemplo, quase triplicou nos últimos 30 anos. Esse tipo de câncer atualmente afeta uma em cada oito mulheres na Inglaterra (em comparação com uma em cada 22, na década de 40) e a previsão é de que os índices dobrem novamente nos próximos 20 anos. Neste ínterim, os índices de câncer de próstata dobraram nos últimos 20 anos, e essa doença agora afeta cerca de um em cada dez homens. Segundo estimativas, por volta de 2015, afetará um em cada quatro.[8]

As abordagens atuais ao câncer de mama não estão surtindo muito efeito sobre essa tendência preocupante. Embora nos digam que o índice de sobrevivência de cinco anos a partir do diagnóstico representa um avanço (sobretudo devido à detecção precoce), o índice máximo de sobrevivência não melhorou. O que é pior, o câncer de mama está ocorrendo com mais freqüência e mais cedo na vida das mulheres em comparação com uma década atrás.

As Substâncias Químicas Destruidoras de Hormônios

As questões fundamentais são: por que esses cânceres aumentam e o que pode ser feito para reverter esse quadro? Numa das histórias policiais mais extraordinárias do nosso tempo (documentada em dois livros excelentes, *Our Stolen Future*, de Theo Colborn, e *The Feminisation of Nature* de Deborah Cadbury), cientistas renomados de várias disciplinas chegaram às mesmas conclusões.

"As substâncias químicas que liberamos em todo o mundo estão exercendo efeitos profundos nos sistemas reprodutivo e imunológico tanto dos animais como dos seres humanos," afirma o professor Louis Guillette da Universidade da Flórida.

"Sem querer, fizemos a última barganha faustiana... em troca de todos os benefícios e de todos os produtos espantosos da vida moderna, temos mais câncer de testículo e de mama. A capacidade de reprodução das espécies também pode ser afetada", diz Devra Lee Davis, ex-representante do conselho de política de saúde do governo norte-americano.

Esses cientistas e inúmeros outros chegaram à conclusão de que o número crescente de substâncias químicas comumente encontradas no ar, na água e nos alimentos, está causando desequilíbrio hormonal e agindo como carcinógenos: entre elas estão incluídos alguns pesticidas, plásticos, compostos industriais e drogas farmacêuticas (ver Capítulo 15 para obter maiores detalhes).

A maioria dessas substâncias químicas imita o papel do estrogênio no organismo, hormônio que estimula o crescimento de tecidos sensíveis a hormônios. Essas substâncias são classificadas como xenoestrogênios (ou seja, compostos estrogênicos externos, em oposição aos internos, produzidos pelo organismo). Quando ingeridas sobre os estrogênios naturais produzidos pelos homens e pelas mulheres, além do estrogênio ingerido com a pílula anticoncepcional ou com a terapia de reposição hormonal (TRH), essas substâncias podem gerar acúmulo de estrogênio no organismo.

Estrogênio demais estimula a proliferação excessiva de tecidos sensíveis a hormônios, aumentando, assim, o risco de cânceres relacionados com hormônios. Entretanto, o efeito dessas substâncias não é tão linear. Elas podem também alterar os genes e promover a expressão de oncogenes (ver Capítulo 5). Elas basicamente confundem as mensagens hormonais que o organismo envia, alterando o desenvolvimento sexual e reprodutivo. São consideradas substâncias destruidoras de hormônios que interferem com a capacidade de o organismo se adaptar e reagir de forma apropriada ao seu ambiente.

Os Pesticidas

Os pesquisadores estão tentando medir os efeitos da poluição global causada por essas substâncias químicas. Em estudos realizados com animais, a exposição a muitos desses pesticidas induz ao câncer de mama[9] e promove o crescimento de tumores[10]. A taxa de mortalidade por câncer de mama em mulheres antes da menopausa caiu 30% depois da implementação de medidas que reduzem os níveis de pesticidas carcinogênicos.[11] Foram encontrados níveis mais elevados de DDT e PCB em tecido de mama cancerosa em comparação com o tecido saudável.[12] Inúmeros outros pesticidas são considerados carcinogênicos, embora não ajam necessariamente como destruidores de hormônios (esses pesticidas são analisados de forma mais detalhada no Capítulo 15). A quantidade de frutas e hortaliças que uma pessoa ingere por ano recebe em média 3,5 litros de pesticida; portanto, a ligação entre o câncer e a exposição aos pesticidas definitivamente carece de mais pesquisas.

Os Plásticos

Mais insidioso ainda é o potencial das substâncias químicas destruidoras de hormônios encontradas nos plásticos. Um carcinogênico encontrado por acaso é um componente do plástico, usado para protegê-lo da oxidação. Pesquisadores que estudavam células do câncer de mama que haviam sido colocadas num recipiente de plástico não conseguiam compreender por que elas estavam crescendo de forma tão abundante, como se tivessem sido expostas a estrogênio. Descobriram que o plástico estava liberando nonilfenol e produzindo um efeito estrogênico.[13]

O nonilfenol, encontrado comumente no plástico, é um agente semelhante ao estrogênio. Ele pode passar para o alimento, sobretudo alimentos gordurosos (como queijos ou salgadinhos). Essa substância é utilizada também em outros produtos, como espermicidas em camisas-de-vênus e géis usados com diafragmas. Muitos detergentes e produtos de higiene também contêm nonilfenol; além disso, são usados como pesticidas. Os nonilfenóis são classificados como "surfactantes", portanto verifique os produtos que você compra. O Reino Unido produz cerca de 18.000 toneladas de nonilfenol por ano, e algumas delas vão para o suprimento de água. Acredita-se que esse seja o fator responsável pela infertilidade e feminização de peixes em rios poluídos.

Com base nas provas obtidas até o momento, seria prudente limitar o contato dos alimentos, sobretudo os gordurosos, com o plástico. Mas isso não é tão fácil como pode parecer: as embalagens plásticas são usadas na maioria dos produtos, inclusive dos salgadinhos. Salgadinhos gordurosos (como batatinhas) e alimentos gordurosos embalados em filme de PVC estão na "lista suspeita". Porém, o plástico nos alimentos nem sempre é aparente. Por exemplo, a parte interna de muitas latas e embalagens de papelão utilizadas para bebidas é revestida por uma camada plástica. E as que não possuem esse revestimento podem liberar dioxinas (agentes igualmente tóxicos usados no branqueamento de papel e papelão).

As dioxinas, que são usadas como pesticidas, agentes branqueadores e em outros processos químicos industriais, não imitam os estrogênios; porém, por meio de alguma ação que ainda não compreendemos, desenvolvem características femininas em camundongos machos, tanto físicas como comportamentais. As dioxinas são subproduto de compostos de cloro. Assim como os organoclorados, não são biodegradáveis e, portanto, tendem a se acumular no meio ambiente.

Grupos ambientalistas vêm fazendo campanha para que seja criada uma legislação visando à proibição de nonilfenol e dioxina, a fim de diminuir nossa carga ambiental, mas provavelmente outras substâncias químicas usadas na produção do plástico também são mimetizadoras do estrogênio. Talvez o fato mais preocupante seja a descoberta de que "níveis aceitáveis" de várias substâncias químicas podem produzir um efeito bastante exagerado de estrogênio, quando essas substâncias são combinadas. Conforme cada peça nova vai se encaixando no quebra-cabeça químico, fica mais clara a extensão da limpeza que precisamos realizar no meio ambiente, nos processos industriais e na cadeia alimentar.

Esse aumento da exposição a esses destruidores de hormônios em todo o mundo é ainda mais preocupante à luz da descoberta de que uma pequenina mudança em relação a essa exposição durante o desenvolvimento fetal inicia a contagem de tempo para maior risco de câncer na vida adulta. Em outras palavras, a exposição exagerada a essas substâncias químicas poderia estar nos programando para a extinção.

Os hormônios sintéticos, a terapia de reposição hormonal (TRH) e a pílula anticoncepcional

Os estrogênios fazem as coisas crescerem, e estrogênios demais podem promover cânceres sensíveis a hormônios. Um estudo demonstrou que nas mulheres que tinham caroço no seio antes da menopausa e apresentavam níveis mais elevados de estrogênio, o índice de proliferação das células epiteliais (que revestem o seio) aumentava mais de 200 por cento — mais do dobro do índice normal. O estrogênio normalmente é mantido em cheque pela progesterona, outro hormônio produzido pelos ovários e que tem efeito antiproliferativo. Segundo os pesquisadores (dr. Chang e colegas do Hospital da Universidade Nacional de Taiwan, em Taipé), se for administrada progesterona natural e o nível do tecido da mama for elevado para níveis fisiológicos normais, o índice de multiplicação das células cai para 15 por cento desse número nas mulheres que não receberam tratamento. Portanto, o estrogênio promove a proliferação das células da mama, enquanto a progesterona protege.[14]

O dr. John Lee, da Califórnia, médico especialista em saúde e hormônios femininos acredita que:

> A principal causa do câncer de mama é o estrogênio que não sofre oposição, e existem muitos fatores que levariam a isso. O *stress*, por exemplo, eleva os níveis de cortisol, que compete com a progesterona por sítios de recepção. Os xenoestrogênios do meio ambiente podem danificar o tecido e levar a um maior risco de câncer posteriormente. Existem também fatores claramente nutricionais e genéticos que devem ser levados em consideração. O mais preocupante é que os médicos continuam a prescrever estrogênio sem oposição para as mulheres.

Obviamente, o dr. Lee está se referindo à prescrição corrente de hormônios sintéticos em pílulas anticoncepcionais e na terapia de reposição hormonal. O aumento do uso de hormônios sintéticos na medicina refletiu-se num aumento de cânceres relacionados com hormônios.

Não poderia haver exemplo mais contundente do perigo de aumentar nossa exposição a esses poderosos destruidores de hormônios do que o DES (dietilestilbestrol), o primeiro estrogênio sintético, criado pelo dr. Charles Dodds, em 1938. Vinte anos depois, o DES estava sendo administrado para mulheres e animais. No caso dos animais, houve aumento dos índices de crescimento; no caso das mulheres havia a promessa de uma gestação livre de problemas e filhos mais saudáveis. No final, cerca de 6 milhões de mães e bebês foram expostos ao DES.

As falhas só vieram à tona em 1970. As meninas cujas mães haviam tomado DES durante a gravidez começaram a apresentar anomalias no desenvolvimento genital; além disso, houve um aumento substancial nos índices de câncer, sobretudo câncer vaginal, de um tipo nunca visto antes.[15] Descobriu-se, então, que os meninos cujas mães haviam tomado DES também revelavam anomalias no desenvolvimento dos órgãos sexuais.[16] Muitas dessas crianças morreram e muitas ficaram estéreis.

Atualmente, o DES não é mais prescrito, mas tanto o estrogênio sintético como a progestina estão associados ao aumento do risco de câncer. Um estudo conduzido pelo dr. Bergvist e colegas, na Escandinávia, revelou que a mulher que fazia terapia de reposição hormonal por mais de cinco anos corria o dobro do risco de contrair câncer.[17] Descobriram também que, se essa terapia incluísse progestina, a versão sintética da progesterona natural, o risco era ainda maior. Um amplo estudo publicado no *New England Journal of Medicine*, em 1995, mostrou que mulheres antes da menopausa que haviam feito terapia de reposição hormonal por cinco anos ou mais corriam risco 71 por cento maior de contrair câncer de mama.[18] Descobriu-se que o risco aumentava com a duração da terapia de reposição hormonal. De modo geral, o risco das mulheres que faziam reposição hormonal com estrogênio e progestina sintéticos era 32 por cento maior, em comparação com as mulheres que nunca tinham tomado hormônios sintéticos. Uma análise dos resultados de 51 estudos clínicos envolvendo 160.000 mulheres, publicado na revista médica *The Lancet*, concluiu que as mulheres que faziam terapia de reposição hormonal corriam mais risco de contrair câncer; e que o risco aumenta com o prolongamento da terapia e diminui com sua interrupção.[19]

O câncer de mama não constitui a única preocupação. Um estudo realizado pela Escola de Saúde Pública da Emery University, em 1995, acompanhou 240.000 mulheres por oito anos e descobriu que o risco de câncer ovariano era 72 por cento mais alto em mulheres que tomavam estrogênio.[20] Outro estudo mostrou que as mulheres que usam estrogênio em combinação com progestogênio cíclico por um período prolongado corriam risco maior de desenvolver câncer do endométrio do que as que não faziam reposição hormonal. Quando as mulheres usavam estrogênio e progestina naturais, entretanto, o risco era estatisticamente insignificante.[21]

O perigo de usar hormônios sintéticos não reside apenas nas diferenças sutis de sua estrutura química e de seu efeito, mas também nas quantidades administradas e em seu equilíbrio hormonal com outros hormônios. As quantidades de hormônios contidas numa pílula anticoncepcional ou num tratamento de reposição hormonal muitas vezes podem ser mais altas do que o organismo produziria naturalmente. O estrogênio produzido pelo organismo é equilibrado pela progesterona, mas, se o equilíbrio for quebrado, o estrogênio que não é antagonizado pela progesterona transforma-se num problema de saúde.

O dr. John Lee, pioneiro no uso de progesterona natural utilizada em doses fisiológicas normais, em creme transdérmico, para contrabalançar o estrogênio, tratou mais de 4.000 mulheres com diagnóstico de câncer de mama. Ele afirma: "Nenhuma dessas mulheres teve recidiva. Das dezenas de milhares de mulheres que usam progesterona por outras razões, nenhuma telefonou para dizer que tinha câncer de mama depois de usar creme com progesterona natural. A progesterona natural é completamente segura e benéfica para mulheres com câncer de mama." Ele recomenda também uma alimentação baseada em vegetais, a exclusão de fontes de estrogênio da carne e do leite e suplementação com nutrientes antioxidantes, incluindo vitaminas C e E.

Outras Fontes de Estrogênio

Embora os homens não estejam expostos aos compostos de estrogênio oriundos de anticoncepcionais ou da terapia de reposição hormonal, sua carga de estrogênio pode vir dos xenoestrogênios, dos estrogênios contidos nos alimentos e da pequena quantidade de estradiol produzida pelo organismo masculino. Esses estrogênicos químicos interferem com o hormônio masculino testosterona, impedindo sua atuação. Além disso, os homens mais velhos produzem uma quantidade relativamente maior de hormônios "femininos". O efeito concreto consiste na "estrogenização" dos homens, aumentando os riscos associados de contrair câncer de próstata e outros cânceres relacionados com hormônios.

Os estrogênios encontrados nos alimentos

Ingerimos estrogênios também com os alimentos "naturais". A carne, por exemplo, contém quantidades consideráveis de estrogênio, assim como os laticínios, embora os altos níveis encontrados nesses alimentos indiquem que talvez não sejam tão naturais quanto gostaríamos de crer. Boa quantidade da carne que comemos é proveniente de animais cuja ração foi acrescida de hormônio. Esse fato, juntamente com uma grande ingestão de proteínas, aumenta artificialmente o crescimento do animal, gerando mais lucro. As mudanças realizadas na prática pecuária agora permitem que as vacas sejam ordenhadas até mesmo quando estão prenhes. Mas, durante a gestação, a concentração de estrogênio no leite se eleva. Embora os bezerros possam se beneficiar desse estrogênio extra, o mesmo não ocorre conosco.

A carne e os laticínios também são reservatórios de toxinas não-degradáveis, que se acumulam ao longo da cadeia alimentar. Milhares de toneladas de substâncias químicas que não são biodegradáveis, como o PCB (bifenil policlorado) e o DDT (diclorodifeniltricloretano), foram liberadas no meio ambiente. São encontrados traços na carne de vaca, nos peixes e nas aves, que se alimentaram de outros animais que, por sua vez, pastaram ou beberam água contaminada com essas substâncias químicas não-degradáveis. Essas substâncias se acumulam em sua gordura, e quando ingerimos essa gordura, elas se acumulam em nosso organismo.

O estrogênio das plantas pode nos proteger

As plantas também contêm compostos semelhantes ao estrogênio, conhecidos como fitoestrogênios. Os fitoestrogênios são encontrados numa grande variedade de alimentos, incluindo soja, frutas cítricas, trigo, alcaçuz, alfafa, aipo e erva-doce. A fonte mais rica é a soja e seus subprodutos, como o tofu e o leite de soja. Entretanto, ao contrário das substâncias químicas estrogênicas, como o PCB, esses fitoestrogênios estão associados à redução do risco de câncer. Uma alimentação rica em isoflavonóides — o ingrediente ativo da soja — está associada a uma redução de 50 por cento de câncer de mama em animais e a uma redução significativa do número de mortes em decorrência de câncer de próstata nos homens.[22] Ainda mais animadores são os estudos realizados com animais, que mostram que o consumo de pequenas quantidades de isoflavonóides no período de lactação reduz em 60 por cento os riscos de câncer de mama mais tarde.[23]

A explicação provável para o efeito protetor desses compostos semelhantes ao estrogênio é que eles podem bloquear a ação de outros estrogênios mais tóxicos presentes no meio ambiente, talvez ocupando os sítios de recepção de estrogênio nas células. Como seu efeito de estrogênio é cerca de cem vezes mais fraco do que o dos xenoestrogênios ou do estrogênio produzido pelo organismo, o resultado concreto de uma alimentação rica em fitoestrogênios parece ser diminuir a carga de estrogênio do organismo e nos proteger contra as prejudiciais substâncias químicas destruidoras de hormônios.

Como Evitar as Substâncias Destruidoras de Hormônios

Talvez você se pergunte: por que não realizamos pesquisas com o intuito de identificar essas substâncias químicas que estão causando câncer e as banimos? Segundo o dr. Samuel Epstein, professor de medicina ocupacional e ambiental da Escola de Saúde Pública do Centro Médico da Universidade de Illinois, em Chicago:

> A maior parte do dinheiro [destinado às pesquisas de câncer] vem sendo desperdiçado em busca de "curas"; praticamente nada tem sido feito para evitar a exposição às substâncias químicas carcinogênicas do meio ambiente, a despeito das provas esmagadoras de que a contaminação do ar, da água e dos alimentos constitui a principal causa de câncer. Infelizmente, a "Indústria do Câncer" é controlada pelas mesmas empresas que produzem esses contaminantes. Se quisermos declarar uma guerra genuína e vitoriosa contra o câncer, esse é o problema que precisa ser abordado.

O professor Louis Guillette, da Universidade da Flórida, faz eco a essas palavras: "Devemos mudar de tática? Devemos incomodar? Acho que devemos basicamente incomodar. Acho que devíamos estar gritando nas ruas." No entanto, a realidade — até que o governo atue em grande escala — é que não é fácil eliminar todas essas substâncias, pois elas estão em toda a nossa volta, nos alimentos, na água e nos produtos domésticos. Existem, contudo, medidas que você pode tomar para reduzir de forma substancial a sua exposição e a da sua família (ver Capítulo 15).

Os Carcinogênicos Conhecidos

4

Vivemos num mundo químico. Sem perceber, estamos expostos a mais de 10.000 substâncias químicas fabricadas pelo homem, e um número crescente dessas substâncias está sendo identificado como carcinógeno, ou seja, causador de câncer. Ao mesmo tempo que a American Chemical Society cataloga a décima milionésima substância química produzida pelo homem, torna-se cada vez mais claro que apenas uma pequena parte dessas substâncias é meticulosamente testada por cientistas independentes. Existem 3.500 aditivos químicos de alimentos, dos quais ingerimos, em média, 7 quilos por ano. Há uma quantidade semelhante de substâncias químicas em nossa casa — nos produtos de limpeza, nos artigos de higiene e nos detergentes; e muitas mais no meio ambiente, contaminando o ar, a água e os alimentos. A Agência de Proteção Ambiental dos Estados Unidos estimou que, em 1991, as indústrias norte-americanas lançaram no meio ambiente 1,5 bilhão de quilos de substâncias químicas, inclusive uma grande gama de carcinógenos.

Poucas dessas substâncias químicas fabricadas pelo homem foram submetidas a um exame rigoroso para analisar seus efeitos individuais ou combinados a longo prazo sobre a saúde, se é que alguma delas foi. Muitas das substâncias às quais estamos expostos multiplicam enormemente os efeitos tóxicos de outras, tornando perigosa uma exposição que poderia ser "segura".[25] De acordo com um relatório publicado nos idos de 1971 pelo Instituto de Tecnologia de Massachusetts (MIT), "O impacto do homem sobre o meio ambiente global": "Os efeitos sinérgicos entre os poluentes químicos estão mais presentes do que nunca." Por exemplo, o dano causado ao fígado por pequenas quantidades do solvente tetracloreto de carbono é bastante ampliado por uma pequena quantidade de DDT; e seus efeitos são aumentados cem vezes se o fármaco comum fenobarbital for acrescentado ao coquetel.

A Poluição

O professor Samuel Epstein, da Escola de Saúde Pública do Centro Médico da Universidade de Illinois, em Chicago, acredita que o impacto da nossa exposição maciça a substâncias químicas carcinogênicas é subestimado pelas instituições de combate ao câncer, muitas das quais mantêm ligações estreitas com as indústrias químicas e farmacêuticas. Ele crê que o malogro em reverter a epidemia de câncer é corolário das decisões políticas que permitiram que pouquíssimas pesquisas de câncer investigassem as verdadeiras causas e os meios de prevenção da doença. A maior parte dos recursos foi canalizada para o desenvolvimento da "cura", por meio de tratamentos altamente lucrativos. As pesquisas do professor Epstein indicam que as medidas de prevenção têm enfocado apenas a alimentação e o fumo, enquanto permitem que as indústrias químicas continuem a lucrar e a poluir o meio ambiente. A prevenção tem sido interpretada como sinônimo de detecção precoce, seguida de quimioterapia, cirurgia ou radioterapia, e não na identificação e erradicação da causa do câncer.

Existem falhas suficientes nas estatísticas sobre câncer para se confirmar os pontos de vista de Epstein. Tomemos, como exemplo, o câncer de pulmão. Embora ninguém questione que o fumo constitui o principal responsável pelo câncer de pulmão, isso não explica o fato de a incidência dessa doença nos não-fumantes ter dobrado nas últimas décadas e continuar aumentando. A poluição, sobretudo a fumaça dos escapamentos e a exposição a poluentes no trabalho, certamente desempenha um papel preponderante. O Instituto Nacional de Segurança e Saúde Ocupacional dos Estados Unidos estimou que cerca de 11 milhões de trabalhadores naquele país ficam expostos a carcinogênicos. No Reino Unido, esse número é da ordem de dois milhões.

Os Pesticidas

Um dos grupos de risco é formado pelos trabalhadores rurais. Embora geralmente sejam considerados mais saudáveis, tendam a fumar menos, tenham uma alimentação mais saudável e façam bastante exercício, nas últimas décadas houve um aumento do número de casos de leucemia, linfoma não-Hodgkin e câncer de cérebro e da próstata. Em estudos realizados com animais, esses cânceres foram relacionados com a exposição a pesticidas. Esses pesticidas serão analisados de forma mais detalhada no Capítulo 15.

O Aparelho de TV e o Computador

Muitas pessoas nos dias de hoje usam monitor de vídeo (VDU) no trabalho e provavelmente em casa. Os monitores de vídeo geram um campo eletrostático que atrai partículas de poeira para a tela ou para o rosto do operador, podendo causar irritação nos olhos, coriza, ressecamento da pele e erupções cutâneas.

Esse efeito diminui rapidamente com a distância; por esse motivo, em geral não há nenhum problema em utilizar o tipo mais comum de VDU (ou seja, a tela da televisão), a menos que a pessoa sente-se muito próxima ao aparelho. As crianças, portanto, devem ser desencorajadas a sentar-se junto à TV.

Ao operar um computador, no entanto, a pessoa senta-se muito próxima da tela, e a exposição prolongada pode provocar problemas de saúde. Uma forma de reduzir o problema consiste em encaixar um filtro eletricamente aterrado diante do monitor. Dispositivos como esse reduzem sobremaneira o movimento das partículas em direção ao operador, embora não eliminem muito a radiação emitida pela tela. Essa radiação, contudo, não é ionizante, e não é considerada tão prejudicial.

O Baixo Nível de Radiação

O baixo nível de radiação muitas vezes é menosprezado. Não resta a menor dúvida de que a radiação é um carcinogênico. A questão é: que nível de exposição é prejudicial e que papel a radiação desempenha na equação do câncer? Como o espaço de tempo entre a exposição a carcinógenos e o desenvolvimento do câncer pode ser de 15 a 20 anos, o aumento quase mundial de incidência dessa doença em meados da década de 1970 poderia apontar para a liberação de um novo carcinogênico entre 1955 e 1960. Isso coincide com o começo dos testes da bomba nuclear. No auge dos testes, surgiram preocupações com o nível de estrôncio-90 no leite. (O consumo de leite, altamente contaminado com precipitação radioativa de estrôncio-90 nos pastos, tende a ser maior entre as mães que estão amamentando.)

Segundo o dr. Chris Busby, da Campanha para Reduzir os Níveis de Radiação: "As mães em período de amamentação que foram expostas ao período de pico dos testes nucleares e receberam as doses mais altas de estrôncio-90, apresentaram maior incidência de câncer de mama." Ele acredita que a exposição a níveis baixos de radiação também pode explicar por que regiões do Reino Unido com o maior índice pluviométrico — onde a precipitação radioativa é maior — começaram a apresentar maior incidência de câncer. Em 1987, por exemplo, o índice de todos os tipos de câncer foi 54 por cento mais alto no País de Gales do que em East Anglia.

Enquanto o advento da indústria nuclear acrescentou um carcinógeno novo e poderoso — a radiação ionizante —, o crescimento da indústria das telecomunicações expôs todos nós à radiação não-ionizante dos sinais dos televisores, rádios e telefones celulares, sem falar nos fornos de microondas. Embora considerada inofensiva, existem provas crescentes de que a exposição a certos tipos de radiação não-ionizante, incluindo telefones celulares, pode aumentar o risco de contrair câncer.

A radiação não provém apenas de fontes fabricadas pelo homem, como geração de energia nuclear e aparelhos de raios X. Todos nós estamos expostos à radiação do sol e do espaço. Existem até mesmo materiais radioativos naturalmente presentes no ar, nos alimentos e na água. Uma pessoa média no Reino Unido recebe por volta de 87 por cento da sua dose de radiação anual de fontes naturais e 11,5 por cento de aparelhos de raios X. O 1,5 por cento restante origina-se de fontes artificiais que não são ligadas à medicina, como geração de energia nuclear — a menos que algo saia errado, como aconteceu em Chernobyl. (A radiação é discutida de forma mais ampla no Capítulo 18.)

O Gás Radônio

Uma das fontes "naturais" de radiação é o gás radônio, e a maior parte da exposição humana ocorre em ambientes fechados. O gás radônio é produzido pelo urânio, à medida que ele se deteriora para se transformar em chumbo. O urânio e o rádio são encontrados naturalmente em rochas e no solo, além de materiais de construção, como madeira, tijolos e concreto. Quando os produtos deteriorados (contidos em pequenas partículas de poeira) são inalados, as partículas radioativas assentam-se nos pulmões e irradiam de forma intensa à curta distância durante muitos anos.

Em ambientes abertos, o radônio se mistura ao ar e se dispersa rapidamente. Entretanto, em ambientes fechados, as partículas de radônio liberadas dos materiais de construção e do solo são inaladas pelos ocupantes.

Pesquisas recentes realizadas no Reino Unido indicam que os habitantes de algumas regiões do país correm mais risco do que os moradores de outras regiões. O sudoeste parece ser a região mais afetada, mas existem outros pontos cruciais As áreas ricas em granito são as mais afetadas. Em alguns casos, a dose de radiação de radônio responde por mais de 50 por cento de toda a radiação natural. Nesse nível, acredita-se que seja responsável por cerca de 500 mortes de câncer por ano. Se você mora numa região rica em granito, entre em contato com o Departamento de Saúde Ambiental para saber seu nível de exposição ao radônio. Quando os níveis de radônio são altos é melhor dar preferência a determinados materiais de construção. É importante também que haja uma ventilação adequada sob o assoalho, para que os compostos radioativos possam ser removidos antes que atinjam níveis significativos.

Os Carcinogênicos Naturais

Nem todos os carcinogênicos são fabricados pelo homem. Muitas substâncias químicas carcinogênicas ocorrem na natureza e chegam até nós pelos alimentos naturais. Entre eles podemos citar o psoralém, encontrado no nabo e no aipo, a micotoxina do fungo encontrada no queijo, no leite e no pão, e a aflatoxina, encontrada em alguns amendoins. Em casos raros, o consumo excessivo de carcinógeno natural resultou em aumento da incidência de câncer. Foi exatamente o que ocorreu no interior da China, onde a combinação de deficiência generalizada de selênio devido a níveis baixos no solo e o consumo de um tipo de repolho em conserva (rico em nitrosamina cancerígena) aumentou a incidência de câncer no esôfago. A solução encontrada foi enriquecer o solo com selênio e deixar de consumir o repolho em conserva.

Contudo, certamente não se pode afirmar que o aumento progressivo do câncer ao longo dos últimos 30 anos resulte exclusivamente de maior consumo de queijo gorgonzola ou de nabos. Isso posto, convém limitar o consumo de carcinógenos naturais, deixando de ingeri-los todos os dias e provavelmente não mais de duas ou três vezes por semana.

A maneira como processamos os alimentos e o que agregamos a eles constituem motivos de grande preocupação. Alguns aditivos de alimentos são cancerígenos, dependendo da dose e das substâncias químicas com que são combinados. Essas substâncias incluem o Butil-hidroxianisol (E320), que interage com os nitratos para formar substâncias químicas que provaram causar alterações no DNA das células; o nitrato de potássio (E249), usado como conservante em carnes enlatadas e secas, e a sacarina, que a Agência Internacional de Pesquisas do Câncer acredita ser carcinogênica para os seres humanos. Qualquer alimento frito, queimado ou dourado — o que significa que o alimento foi oxidado — aumenta a carga carcinogênica da refeição. Isso se aplica a inúmeros tipos de refeições rápidas, como batatas fritas, hambúrgueres tostados, peixe frito e pizzas crocantes — a dieta básica da nova geração.

Resumindo, não resta dúvida de que a principal causa de câncer é o aumento da exposição aos carcinogênicos. Alguns agem como oxidantes e outros como destruidores de hormônios, enquanto outros, ainda, danificam os genes e alteram o comportamento da célula. Podemos evitar, ou pelo menos reduzir substancialmente, a nossa exposição a muitos deles (ver Capítulo 17).

O Câncer Está nos Genes?

5

O câncer é uma doença genética. As alterações que ocorrem nas células parecem ser resultado direto de mutações ou alterações genéticas. Os genes são como o *software* que diz às moléculas do organismo — os componentes do *hardware* — como elas devem se organizar. Os genes interagem com o ambiente: quando acontece algo de errado com essa interação, sobrevém o câncer. Os genes e o meio ambiente são interdependentes, como a galinha e o ovo.

Alguns cientistas alegam que os genes desempenham um papel muito mais significativo no câncer do que os fatores ambientais, como os alimentos, as substâncias químicas carcinogênicas e o fumo. Mas, se o câncer é primordialmente genético, por que ele emergiu como a principal causa de morte apenas com a industrialização? Existem duas respostas para essa pergunta. Uma é que sempre houve pessoas geneticamente predispostas ao câncer, mas os genes só são "ativados" pela exposição aos agentes cancerígenos. A outra é que essa predisposição genética ao câncer desempenha um papel bastante pequeno no quadro geral. Ambas estão corretas.

Algumas pessoas carregam genes defeituosos que fazem com que as células se comportem mal. São os chamados oncogenes. Foram descobertos dois oncogenes para o câncer de mama — BRCA1 e BRCA2, e estima-se que uma em cada 200 mulheres os tenham. Acredita-se que uma pequena porcentagem de mulheres portadoras de câncer de mama tenha contraído a doença devido a esses oncogenes.

É pouco provável, entretanto, que apenas o fato de ter o oncogene seja suficiente para desencadear o câncer de mama. Uma pesquisa realizada com mulheres que tinham o gene BRCA1 revelou que, na realidade, o risco que elas corriam de morrer de câncer não era maior do que o das mulheres portadoras de câncer que não tinham esse gene. Segundo os pesquisadores, fazendo determinadas opções relativas ao estilo de vida e à alimentação, as mulheres que tinham o gene não precisavam se resignar a contrair um câncer fatal.[26] Essa afirmação baseia-se no fato de que a maioria dos oncogenes só libera suas instruções destruidoras quando é ativada por carcinógenos.

Para ilustrar como isso funciona, analise o exemplo da substância química "nonilfenol" encontrada em tintas, detergentes, óleos lubrificantes, produtos de higiene, espumas espermicidas, agroquímicos e muitos outros produtos.

Dentro das células existem receptores de hormônios (ver Figura 4). O hormônio se encaixa como uma "chave" dentro da "fechadura" do receptor. Se a chave serve, genes específicos são ativados, dando início a determinado programa biológico. Hormônios "falsos" — ou substâncias que podem agir como hormônios (como os nonilfenóis) — são como chaves tortas. Eles podem ativar genes, mas não necessariamente os genes certos, desencadeando, talvez, um oncogene; portanto, esses falsos hormônios alteram o nosso funcionamento biológico. O nonilfenol é conhecido como um "mimetizador de estrogênio" e, como o próprio estrogênio, pode alterar a programação bioquímica do organismo, dependendo de quanto as células foram expostas, e a que substâncias mais.

A soja também contém uma molécula semelhante ao estrogênio. Nesse caso, contudo, ela parece ligar-se aos receptores de estrogênio e impedir que substâncias prejudiciais como os nonilfenóis deturpem o curso da expressão genética. Portanto, ajuda a equilibrar os hormônios, enquanto substâncias como os nonilfenóis perturbam o equilíbrio hormonal.

Acredita-se que essas substâncias químicas destruam a bioquímica do organismo devido à sua capacidade de se alojar nos sítios receptores de hormônios. Isso altera a capacidade de o gene se comunicar com as células do organismo (processo conhecido como expressão genética), comunicação essa que é essencial para a nossa saúde. Em alguns casos, essas substâncias realmente bloqueiam um receptor de hormônio; em outros, agem como se fossem o próprio hormônio; em outros, ainda, impedem a mensagem hormonal. Comparando essa seqüência "hormônio — receptor de hormônio — expressão genética — resposta bioquímica" a uma "comunicação", o que essas substâncias químicas fazem é elevar ou abaixar o som e embaralhar as mensagens.

Essa informação, obviamente, é alvissareira, pois significa que as poucas pessoas que possuem oncogenes (que aumenta suas chances de ter câncer) podem contrabalançar isso evitando carcinógenos e aumentando a ingestão de nutrientes que protegem contra essa doença, para impedir a ativação desses genes. Recentemente, foram desenvolvidos exames nos Estados Unidos e na Inglaterra para determinar se uma pessoa herdou determinados oncogenes, e se esses oncogenes foram ou não ativados. Esses exames permitem que sejam elaboradas estratégias específicas e personalizadas de prevenção.[27] Em seu livro pioneiro, *Genetic Nutritioneering*, o dr. Jeffrey Bland, bioquímico, explica como esse perfil genético está ajudando os cientistas a desenvolver estratégias mais eficazes de prevenção ao câncer.

Por exemplo, existe uma linhagem de camundongos predisposta a desenvolver câncer de pele devido a um gene herdado, desde que sejam expostos à radiação UVB (radiação ultravioleta do tipo B). Entretanto, se sua alimentação incluir a erva cardo-mariano, fonte rica do antioxidante silimarina, eles não desenvolvem câncer de pele.[28] Nesse caso, a radiação UVB constitui o carcinogênico desencadeante e a silimarina, o antídoto.

Obviamente, a indústria biotécnica tem outros planos em mente, uma vez que sua solução consiste em manipular o gene "defeituoso" por meio de terapia genética. Além de acarretar riscos desconhecidos, certamente é muito mais cara do que as soluções nutricionais.

Um ótimo exemplo desse dilema foi a descoberta realizada por pesquisadores do Fundo de Pesquisa do Câncer do Reino Unido, de um oncogene específico nos camundongos que os tornavam incapazes de se desintoxicar de fumaça. Esses camundongos geneticamente suscetíveis corriam maior risco de desenvolver câncer, pois o gene em questão é responsável, em parte, pela produção da enzima antioxidante glutationa transferase. Segundo as reportagens dos jornais, em dez anos poderá ser fabricada uma pílula para pessoas com gene "defeituoso". No entanto, a capacidade de o organismo produzir mais glutationa transferase depende da proteína glutationa e do mineral selênio — ambos amplamente defi-

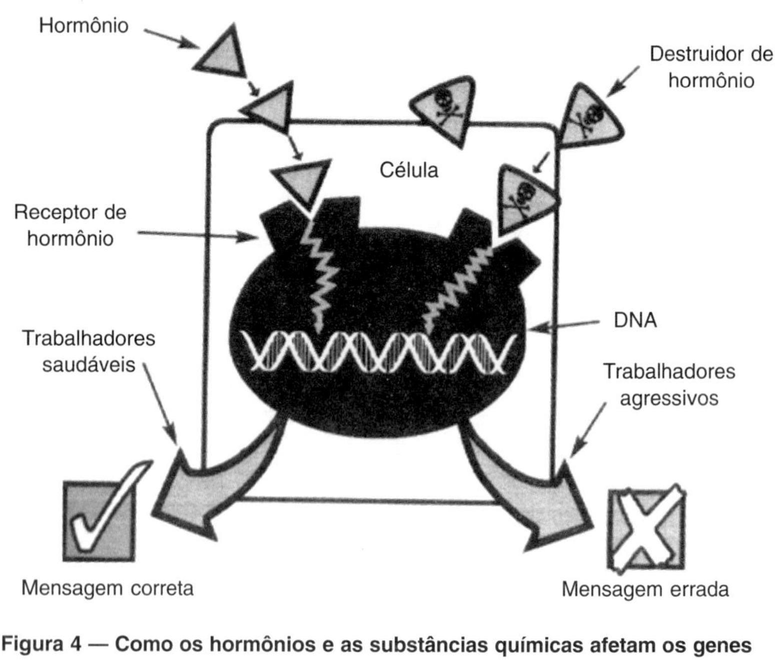

Figura 4 — Como os hormônios e as substâncias químicas afetam os genes

cientes entre os britânicos. Uma alternativa à manipulação genética seria assegurar uma boa ingestão desses nutrientes.

Em suma, a predisposição genética ao câncer desempenha um papel bastante reduzido nos principais tipos de câncer que surgiram no século XX. De qualquer forma, os genes precisam ser ativados por carcinógenos que podem ser evitados e permanecer efetivamente "latentes" pela ingestão ideal de nutrientes essenciais. A Parte 4 explica exatamente como fazer isso.

Como Estão suas Defesas Imunológicas? 6

Além de ser uma doença genética, o câncer é uma doença imunológica. A função do sistema imunológico consiste em procurar, identificar e desativar as células pré-cancerosas do organismo. Isso ocorre em cada um de nós todos os dias.

Todavia, se o sistema de defesa estiver enfraquecido, as células pré-cancerosas podem multiplicar-se, resultando provavelmente em alguma forma de câncer. A infecção pelo HIV constitui um exemplo. O vírus responsável pela AIDS destrói seletivamente as células do sistema imune, deixando o organismo sem suas defesas normais. A incidência de um tipo de câncer, o sarcoma de Karposi, por conseguinte, é alta nos pacientes aidéticos.

Até recentemente, o método utilizado para lidar com as doenças relacionadas com o sistema imunológico era sempre matar o invasor, quer se tratasse de bactéria, vírus ou célula cancerosa. Essa abordagem, entretanto, está se tornando menos popular devido ao alto custo dos fármacos utilizados. Uma estratégia alternativa consiste em reforçar o próprio sistema imunológico do organismo. Uma nova classe de fármacos utilizados no combate ao câncer funciona da seguinte forma: "os anticorpos monoclonais", por exemplo, procuram as células cancerosas do linfoma não-Hodgkin e as marcam, para que o próprio sistema imunológico do organismo possa vê-las claramente e se mobilize para matá-las.

O sistema de defesa pode ser estimulado também sem a utilização de fármacos. Esse sistema depende de um grande número de nutrientes, e foi comprovado que os suplementos alimentares aumentam a imunidade. Essa abordagem — de estimular o sistema de defesa em vez de apenas se concentrar em matar o invasor — pode ser muito mais eficaz. Afinal de contas, o mundo ocidental fez grandes progressos na área de saneamento neste século. Porém, nos últimos 20 anos, a medicina distribuiu bilhões de medicamentos antibióticos, antivirais e antifúngicos. Se a abordagem de matar o invasor estivesse funcionando, poderíamos esperar um número muito menor de mortes causadas por infecções. Na verdade, ocorreu exatamente o oposto.

Tanto nos Estados Unidos como no Reino Unido, o número de infecções aumentou assustadoramente. Uma pesquisa de todos os óbitos ocorridos nos Estados Unidos entre 1980 e 1992, revelou um aumento alarmante de 58 por cento nas mortes decorrentes de moléstias infecciosas.[29] O número de mortes na faixa etária entre 25 e 44 anos foi seis vezes maior. Esse fato se deve, pelo menos em parte, ao maior número de mortes por infecção com o vírus HIV. As mortes provocadas por infecções respiratórias aumentaram 20 por cento. E a mesma tendência pode ser observada na Grã-Bretanha.[30]

Na opinião de Spence Galbraith, ex-diretor do Centro de Vigilância de Doenças Transmissíveis:[31] "O ritmo de mudança na questão da infecção humana parece estar aumentando. Sabe-se agora que é apenas uma questão de tempo até que surja a próxima ameaça microbiana à nossa espécie." Somada ao maior risco de câncer, essa tendência mundial indica que nossas defesas imunológicas não estão tão fortes quanto deveriam

Como Funciona o Sistema Imunológico?

Antes de discutir as formas de estimular o sistema imunológico, faremos uma breve descrição do "exército imunológico" e de seu papel.

As batalhas imunológicas podem ocorrer em qualquer parte do corpo — contra organismos invasores ou contra nossas próprias células rebeldes (como no caso do câncer). Para combater esses inimigos, temos uma estrutura fixa de defesa chamada sistema linfático (mostrado na Figura 5), que atua em conjunto com outras partes do corpo, como a medula óssea, o timo e o baço. O funcionamento complexo do sistema imunológico é controlado, em grande parte, pelas glândulas pituitária e supra-renal.

O sangue desempenha um papel vital em nossas defesas. Composto por um fluido amarelo-claro (chamado plasma) e células sangüíneas que ficam suspensas nesse líquido, o sangue nos fornece uma força móvel de combate — as células brancas (ou leucócitos) — que representam os primeiros soldados do nosso sistema de defesa. Quando o nosso sistema imunológico está em perfeito funcionamento, produzimos cerca de 2.000 novas células imunológicas por segundo. Essas células brancas estão presentes tanto na linfa como no sangue.

Existem três tipos de células brancas: granulócitos, monócitos e linfócitos. Os granulócitos, em sua maioria, são fagocíticos (ou seja, engolem qualquer bactéria estranha que encontrem). Os monócitos ou macrófagos realizam um papel essencial de "limpeza", comendo todos os resíduos ou corpos estranhos e limpando o sangue, os tecidos e a linfa. Eles constituem também importantes "fábricas de armamento", capazes de fabricar pelo menos 40 tipos de enzimas e proteínas imunológicas diferentes necessárias para destruir os inimigos.

Por fim, os linfócitos representam o grupo de células mais competente e versátil na eliminação dos "visitantes indesejáveis". Alguns possuem um sistema de memória, que lhes permite reconhecer um microrganismo que já atacou o organismo anteriormente e ativar o sistema imunológico para o combate. Os linfócitos também possuem um método especial de se dividir rapidamente quando estão sendo atacados, produzindo reforços quase de imediato. Essa divisão rápida está estreitamente ligada aos nutrientes — por exemplo, os níveis de vitamina C são essenciais. Os três tipos de linfócitos são as células T, as células B e as células assassinas naturais (NK). Estas últimas são particularmente importantes, uma vez que procuram e destroem as células cancerosas.

As células T regulam o sistema imunológico e decidem se ele deve atacar ou recuar. São as primeiras que reagem aos vírus e às células cancerosas. Mas após o reconhecimento do vírus ou do tumor, as células T demoram de três a quatro dias para se reunir e atacar.

As células B lidam, sobretudo, com bactérias e vírus que já tenham encontrado antes. A célula B leva o microrganismo invasor para dentro dos tecidos, onde verifica seu tamanho e formato exatos. Em seguida, fabrica uma proteína "camisa-de-força" sob medida (chamada de anticorpo) que serve única e exclusivamente nesse microrganismo. Finalmente, a célula faz com que uma linha de produção fabrique milhares desses anticorpos, que são liberados no organismo. Os anticorpos procuram seus alvos como minimísseis guiados e se lançam contra a bactéria. O invasor fica indefeso e é imobilizado até que os macrófagos venham devorá-lo.

Como Estimular o Sistema Imunológico

A idéia de que as pessoas possam ter propensão ao câncer devido a uma deficiência imunológica constitui, em grande parte, território inexplorado, no que tange às pesquisas realizadas nessa área. Sabemos, entretanto, que os nutrientes (que tendem a ser baixos nas pessoas que têm câncer) estimulam o sistema imunológico. A nutrição ideal e o seu papel na estimulação do sistema imunológico e na prevenção do câncer são discutidos em detalhes na Parte 2. Porém, nesse estágio, podemos dizer que deficiências dos nutrientes relacionados a seguir aumentam o risco de contrair essa doença:

A vitamina A é especialmente importante porque ajuda a manter a integridade do trato digestivo, dos pulmões e das membranas das células, impedindo que agentes estranhos entrem no organismo e que vírus penetrem nas células. Além disso, a vitamina A e o beta-caroteno (sua forma vegetal) são potentes antioxidantes; muitos agentes estranhos produzem radicais livres oxidantes como parte do seu próprio sistema de defesa. Os macrófagos também produzem radicais livres para destruir os invasores. Uma boa ingestão de nutrientes antioxidantes ajuda a proteger as células do sistema imunológico dessas armas prejudiciais. A ingestão ideal de beta-caroteno é de 10.000UI (3.300 mcgER) a 30.000UI (10.000 mcgER) por dia.

As **vitaminas B_5, B_6, B_{12}** e o **ácido fólico** também são importantes para o sistema imunológico. A produção de anticorpos e o funcionamento dos linfócitos T dependem da vitamina B_6, portanto ela é essencial na luta contra as células cancerosas. A ingestão diária ideal dessa vitamina é de 50 a 100mg. A vitamina B_{12} e o ácido fólico são importantes pelas mesmas razões. A ingestão diária ideal de vitamina B_{12} é de 100mcg e de ácido fólico é de 400mcg. O ácido pantotênico (B_5) ajuda os macrófagos e as células assassinas naturais a desempenharem sua função, enquanto sua deficiência está associada à inibição das células T e da produção de anticorpos. A ingestão diária ideal de vitamina B_5 é de 100 a 300mg.

A **vitamina C**, sem dúvida alguma, é o nutriente que mais estimula o sistema imunológico, desempenhando inúmeros papéis — inclusive proteção das células T, responsáveis pela destruição das células cancerosas. É essencial que essa vitamina seja ingerida na dosagem certa. Durante uma infecção viral, a saturação de vitamina C impede que os vírus se multipliquem. Isso geralmente implica doses diárias de 10g ou mais, distribuídas durante o dia. Isso representa mais de 100 vezes as doses recomendadas na dieta! Felizmente, a vitamina C é uma das substâncias menos tóxicas que se conhece. De qualquer forma, o ideal é consumir até 1.000mg por dia.

A **vitamina E** é outro polivalente. Além de melhorar o funcionamento das células B e T, é um poderoso antioxidante. Sua capacidade de estimular o sistema imunológico aumenta quando é ingerida concomitantemente com selênio. A ingestão diária ideal de vitamina E é de 400 a 800UI.

O **selênio**, o **manganês**, o **cobre** e o **zinco** estão envolvidos na antioxidação, e todos demonstraram ser estimulantes do sistema de defesa do organismo. Dos quatro, o selênio e o zinco são os mais importantes. O zinco é essencial para a produção das células de defesa e para o funcionamento das células B e T, que procuram e destroem o tumor. O selênio melhora a imunidade e trabalha em sinergia com a vitamina E. As doses ideais de ingestão diária de selênio são de 100 a 200mcg. A ingestão diária ideal de zinco é de 15 a 35mg.

O **cálcio** é necessário para que as células do sistema imunológico produzam enzimas capazes de destruir as células cancerosas.

A **cisteína** é muito importante para o sistema imunológico, sobretudo porque se transforma em glutationa no organismo. Quando somos expostos a toxinas — desde que tenhamos cisteína suficiente —, o nosso organismo consegue aumentar os níveis de glutationa para realizar a desintoxicação. Níveis altos de cisteína estão associados à longevidade e à redução do risco de câncer. Em infecções crônicas como a AIDS, a redução de glutationa é motivo de grande preocupação. Essa substância é essencial para que os macrófagos fabriquem as substâncias químicas de que precisam para matar os invasores, para a produção de linfócitos e para as membranas das células vermelhas. Além disso, é importantíssima para o funcionamento das células assassinas naturais. Carne, ovos, soja e quinoa (grão cozido como arroz), sementes, castanhas, cebola e alho são excelentes fontes de cisteína. Pode ser ingerida como suplemento, o n-acetil cisteína, na quantidade de 500mg por dia.

OUTROS ANTIOXIDANTES

Existem muitos outros antioxidantes importantes que não são classificados como vitaminas, minerais ou aminoácidos essenciais. Alguns,

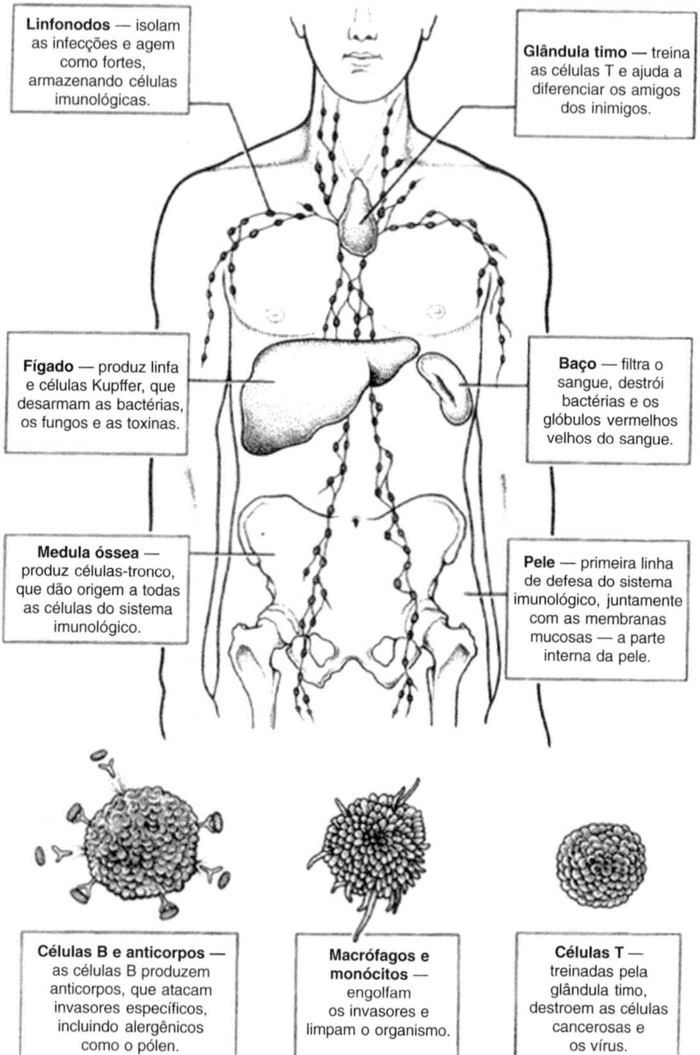

Figura 5 — O sistema imunológico

contudo, estimulam o sistema imunológico e protegem contra o câncer. De relevância particular são as antocianidinas, que dão a algumas frutas silvestres (como acerola, morango, amora, framboesa, cereja, groselha, *blueberry*, entre outras), às uvas e às beterrabas sua cor vermelha ou azul; a coenzima Q, que ajuda a reciclar a vitamina E e protege as células de oxidantes prejudiciais; e os carotenóides, substâncias relacionadas com o beta-caroteno, como a luteína e o licopeno, especialmente abundantes em tomates cozidos. Semelhante à vitamina E (chamada de tocoferol), são os tocotrienóis, encontrados também em sementes e castanhas. Com o número crescente de substâncias químicas ativas sendo encontradas nos alimentos naturais, está se tornando cada vez mais patente que a alimentação constitui o melhor de todos os medicamentos.

Embora algumas pessoas atribuam sua recuperação do câncer a mudanças nos hábitos alimentares, a terapia nutricional não "cura" o câncer. Ela pode, sim, criar as melhores condições possíveis dentro do organismo para que seus próprios mecanismos anticâncer (principalmente o sistema imunológico) restaurem a saúde. No indivíduo saudável, o câncer é evitado pelo sistema imunológico, que pode ser bastante poderoso e é responsável pelas recidivas naturais que podem ocorrer dessa moléstia.

Uma atitude mental apropriada também pode estimular o sistema imunológico (ver Capítulo 18). Em contrapartida, acredita-se que a suscetibilidade à depressão possa reprimir esse sistema e, dessa forma, enfraquecer as defesas contra o câncer e outras doenças.

Desintoxicação dos Carcinogênicos

Uma das principais linhas de defesa do sistema imunológico consiste em sua capacidade de realizar a desintoxicação das substâncias químicas prejudiciais. Além de ingerirmos inúmeras substâncias químicas tóxicas, o organismo também produz as suas próprias. À medida que processamos os alimentos — transformando-os em energia ou elementos básicos para o organismo — substâncias tóxicas são produzidas e processadas, prontas para a eliminação. Essa capacidade de desintoxicação nos protege internamente de um certo grau de exposição a substâncias tóxicas. Isso explica por que a humanidade consegue consumir alimentos naturais, com seus níveis tóxicos inerentes, sem desenvolver câncer. Entretanto, quanto mais ficamos expostos a substâncias tóxicas, mais o organismo tem de trabalhar para se desintoxicar.

Uma das principais formas que o organismo utiliza para neutralizar substâncias químicas prejudiciais é "empacotá-las" para exportação. Fixando moléculas inofensivas em venenos (num processo chamado "conjugação"), as toxinas podem ser eliminadas do organismo sem causar danos. De todas as atividades de fortalecimento que se realizam no organismo, pelo menos dois terços se destinam a "conjugar toxinas" para deixá-las prontas para a eliminação.

É bastante provável que as pessoas propensas a contrair câncer tenham um potencial baixo de desintoxicação, ou devido à exposição excessiva a carcinógenos (como oxidantes) ou a um desequilíbrio subjacente — o que as torna mais sensíveis aos agentes cancerígenos. Com efeito, um dos genes que predispõe ao câncer é responsável pela fabricação de uma importante enzima desintoxicante chamada glutationa transferase.

Se destruirmos esse gene em camundongos — reduzindo, assim, os níveis dessa enzima no organismo — e em seguida os expusermos à fumaça de cigarro, em pouco tempo eles desenvolverão câncer de pulmão. Enquanto os geneticistas tentam descobrir um tratamento para corrigir um gene defeituoso, podemos melhorar os níveis de glutationa transferase do organismo simplesmente ingerindo quantidades adequadas de glutationa (ou seu precursor, a n-acetil cisteína) e selênio, que ajudam a enzima a trabalhar.

Obviamente, a glutationa transferase é apenas uma das inúmeras enzimas envolvidas no processo de desintoxicação. As quatro principais vias químicas que o organismo utiliza para se desintoxicar de substâncias prejudiciais são mostradas na Figura 6. Essas vias dependem totalmente de uma grande gama de nutrientes, incluindo vitaminas, minerais, aminoácidos e "fitonutrientes" encontrados nos alimentos, como o alho ou vegetais da família das crucíferas, como o brócolis.

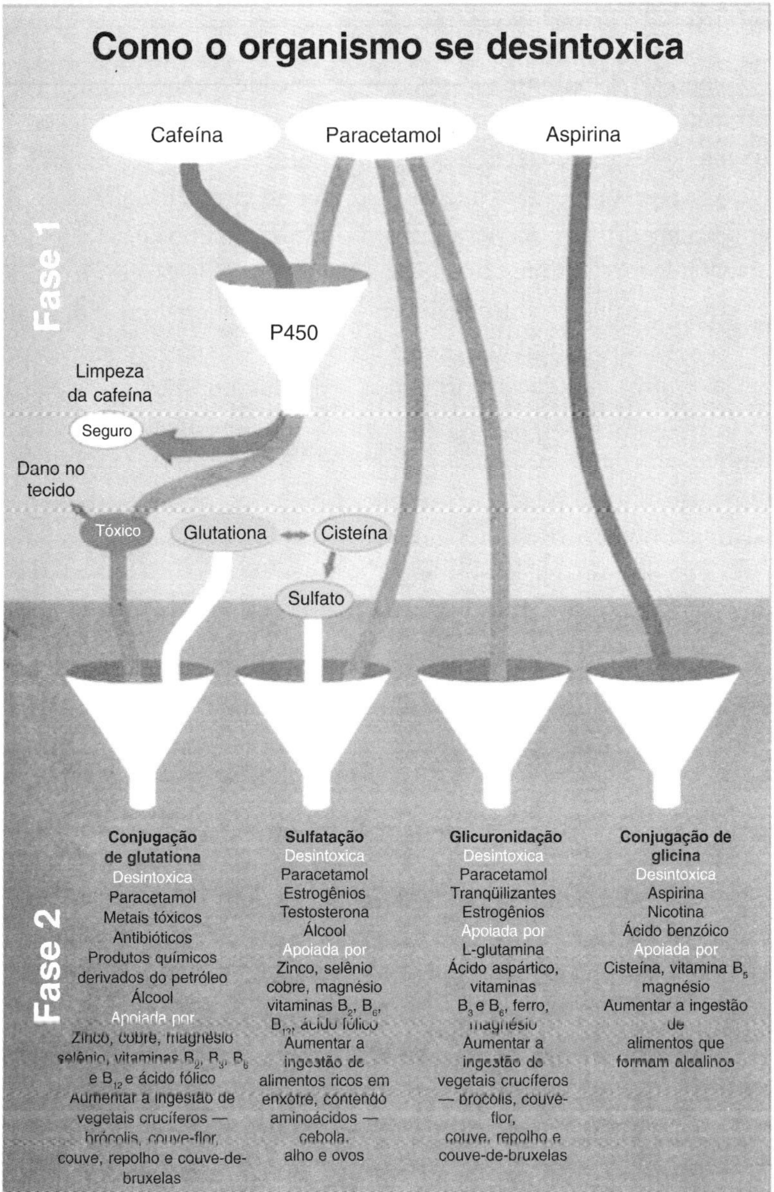

Figura 6 — Como o organismo se desintoxica

Vírus e Câncer

Alguns vírus bastante raros podem desencadear câncer, embora aparentemente não façam isso sozinhos. Por exemplo, é provável que o sarcoma de Karposi (câncer a que os pacientes aidéticos são mais suscetíveis) não seja produzido apenas pelo próprio vírus HIV, mas sim pelo enfraquecimento que esse vírus causa no sistema imunológico da pessoa. O papilomavírus está presente na maioria dos casos de câncer de colo de útero, situação que prevalece também entre as mulheres que têm muitos parceiros sexuais. Entretanto, esse vírus não é o único responsável pela doença. Outras infecções virais têm sido ligadas a tipos raros de câncer, mas novamente apenas como parte de um quadro mais amplo. Basta dizer que, na grande maioria dos cânceres, não existem provas de que os vírus sejam responsáveis. De qualquer forma, os conselhos deste livro ajudam a fortalecer o sistema imunológico e, conseqüentemente, minimizar os efeitos prejudiciais dos vírus.

Falha na Comunicação

7

Em vez de pensar no câncer como algo "lá fora" que precisa ser destruído, talvez devêssemos pensar nele como uma conseqüência inevitável de uma grande falha na comunicação.

Os genes "falam" com as substâncias químicas que entram no organismo, dizendo a elas como se incorporar a essa estrutura extremamente complexa e inteligente. As substâncias químicas, por sua vez, "falam" com os genes, adaptando e alterando a sua expressão. Se essa conversa for harmoniosa, as células do organismo continuam a trabalhar pelo bem comum. Por outro lado, se a conversa ficar desordenada, certas células param de falar com suas colaboradoras, deixam de respeitar seus limites e de cumprir sua obrigação. Essas células começam a se multiplicar, a se disseminar e a destruir a integridade do organismo, ou seja, a saúde.

Na maioria dos casos, esse cenário, ou seja, o câncer, resulta de inúmeros fatores, que podem ser resumidos da seguinte forma:

- Exposição excessiva a carcinógenos, incluindo substâncias químicas destruidoras de hormônios e oxidantes
- Ingestão insuficiente de antioxidantes
- Sistema imunológico debilitado
- Pouca capacidade de se desintoxicar

A importância relativa de cada um desses fatores difere em cada um de nós, e certamente nos vários tipos de câncer. Todavia, a partir dessa perspectiva você pode ver com mais clareza como evitar o câncer. Você precisa tomar quatro medidas importantes:

- Reduzir sua exposição a carcinógenos
- Aumentar sua ingestão de anticancerígenos (como os antioxidantes)
- Estimular o sistema imunológico
- Melhorar sua capacidade de desintoxicar carcinógenos

Essas medidas são igualmente importantes para reverter um processo de câncer que porventura tenha se iniciado. Mas existe uma quinta medida: criar um ambiente que dificulte a sobrevivência da massa cancerosa. As terapias de câncer mais recentes tentam encontrar formas mais inteligentes de atacar a massa cancerosa do que a cirurgia convencional, a quimioterapia e a radioterapia. Esses tratamentos baseiam-se em fármacos que atuam somente sobre as células cancerosas, ou em métodos diferentes que visam cortar a irrigação sangüínea do tumor. Por exemplo, atualmente existem vários fármacos e agentes naturais "antiangiogênicos" — que inibem a capacidade de o tumor formar novos vasos sangüíneos (angiogênese). Os primeiros resultados são animadores.

No entanto, raramente um oncologista aplica essas estratégias de combate ao câncer *e* as quatro principais medidas de prevenção. Converso amiúde com pacientes portadores de câncer que fizeram um ou outro tratamento, mas nunca foram aconselhados a mudar o seu estilo de vida. Não faz sentido, porém, continuar a agir da mesma forma e esperar resultados diferentes. Mesmo que um câncer aparentemente tenha sido tratado com sucesso, se as circunstâncias que levaram ao seu desenvolvimento não mudaram, por que não haveria recidiva da doença?

O câncer, sem sombra de dúvida, constitui o reflexo de um processo que em geral começa pelo menos uma década ou mais antes que os sintomas se manifestem. A verdadeira prevenção, portanto, deve começar com alterações na alimentação e no estilo de vida no momento atual (em vez de esperar que surjam os primeiros sinais de problema ou na última hora).

O objetivo deste livro consiste em reunir e apresentar todas as provas existentes, bem como definir o que você precisa comer e o que deve fazer para minimizar as chances de desenvolver a crise de comunicação no organismo conhecida como câncer.

A Parte 2 analisa o que você precisa comer e beber, e também o que deve evitar. A Parte 3 analisa os fatores ligados ao estilo de vida e a arte da autodefesa química e a Parte 4 examina os benefícios obtidos com uma maior ingestão de nutrientes e remédios naturais anticancerígenos. A Parte 5 reúne tudo num plano de ação diário que o ajudará a *dizer não ao câncer*.

PARTE 2

Alimentos Anticancerígenos

Que Quantidade de Carne Pode Ser Ingerida com Segurança?

8

Seu risco de contrair ou não câncer está mais ligado aos alimentos que você consome do que ao fato de abandonar o cigarro. Graças ao trabalho do Fundo Internacional de Pesquisa do Câncer (WCRF), atualmente existem indicações claras da importância da alimentação na prevenção dessa doença. O WCRF reviu minuciosamente milhares de estudos que investigam a ligação entre a alimentação e o risco de contrair câncer e publicou os achados num relatório intitulado "Alimento, Nutrição e Prevenção do Câncer: uma perspectiva global". Os pesquisadores concluíram que fazendo algumas mudanças simples na alimentação é possível reduzir o risco de 30 a 40 por cento. O primeiro passo consiste em diminuir o consumo de carne. Eles aconselham a: "Comer menos de 80 gramas de carne vermelha por dia ou eliminá-la da alimentação. É preferível substituí-la por peixes, aves ou carne de animais não domesticados."

Os resultados de amplo estudo realizado na Inglaterra revelaram que os vegetarianos correm risco muito menor de contrair doenças que ameaçam a vida do que os que consomem carne. Outro estudo, conduzido por Jim Mann da Universidade de Otago, Nova Zelândia, comparou a alimentação de 6.115 vegetarianos britânicos com 5.051 amigos e parentes. Depois de levar em consideração os efeitos do cigarro e da obesidade e a classe social, a taxa de mortalidade decorrente de câncer e doenças coronarianas num período de 12 anos foi substancialmente menor entre os vegetarianos: a incidência de câncer foi 40 por cento mais baixa.[1] Estudos posteriores confirmaram esses resultados. Segundo uma pesquisa que contou com a participação de quase 48.000 homens, os que comiam carne vermelha mais de cinco vezes por semana tinham propensão 2,6 maior de contrair câncer da próstata do que os que comiam apenas uma vez por semana.[2]

Nem todos os estudos, entretanto, confirmaram a ligação entre consumo de carne e câncer. Segundo o WCRF, essa ligação é mais forte nos casos de câncer colorretal, e evidente nos casos de câncer de mama, próstata, rins e pâncreas. Por exemplo, um estudo que acompanhou 3.660 adultos na Inglaterra por um período de sete anos não encontrou associação entre aumento do consumo de carne e aumento de risco de câncer.[3] Nos Estados Unidos, contudo, as provas dessa ligação são mais contundentes. Qual o motivo dessas descobertas conflitantes?

O que Há de Errado com a Carne?

Pode ser que não seja a carne, propriamente dita, que aumente o risco, mas sim o que ela contém e como a preparamos. Uma das possibilidades é de que os diversos métodos de cozimento combinados com pouca ingestão de frutas, verduras e legumes nos Estados Unidos, explique, em parte, por que seus achados diferem dos do Reino Unido. Além disso, comer muita carne significa fazer uma alimentação rica em proteínas. A ingestão de proteínas contidas numa refeição composta por "carne e dois tipos de legumes ou verduras" demonstrou aumentar a incidência de todos os tipos de câncer em animais. Pesquisas realizadas pela dra. Linda Youngman, da Universidade de Oxford, e pelo dr. Campbell da Universidade de Cornell, nos Estados Unidos, confirmam outros achados que ligam o excesso de proteína ao câncer e a outras doenças. A dose recomendada de proteína na dieta é de 7,5 por cento de calorias, mas em geral as pessoas comem quase o dobro dessa quantidade, afirma Youngman. "Elas seriam muito mais saudáveis se reduzissem a ingestão diária de proteína."

Um estudo conduzido na Suécia analisou a alimentação de mais de 700 pessoas e não encontrou relação entre o câncer de rim e o consumo de carne, propriamente dito, mas os pesquisadores descobriram um aumento de câncer ligado à ingestão de carne frita ou mal passada.[4] A gordura da carne, quando queimada, gera oxidantes e carcinógenos. Carne grelhada, frita e preparada como churrasco aumenta o risco, sobretudo de câncer de estômago e colorretal. O conteúdo de gordura altamente saturada da maioria das carnes também representa um fator (esse assunto é discutido de forma mais detalhada no Capítulo 10).

Não admira que a descoberta de que uma alimentação composta de carne, rica em proteína e gordura e pobre em fibras, juntamente com os carcinógenos gerados pela queima, faça um estrago no trato digestivo. Tudo isso explica a ligação com câncer de estômago, cólon, reto e pâncreas (órgão responsável pela digestão da proteína). Por que, então, a ligação entre câncer de mama e de próstata?

A Ligação com os Hormônios

A incidência maior desses cânceres relacionados com hormônios entre os indivíduos habituados a comer carne indica que essa alimentação introduz um tipo de carcinogênico diferente capaz de destruir os hormônios. Entre esses carcinogênicos, encontram-se obviamente os hormônios naturais da carne, que também estão presentes nos derivados de leite — o consumo excessivo de laticínios está ligado ao aumento do risco de cânceres de próstata e rim. (Como órgãos de eliminação, os rins estão expostos às substâncias tóxicas que são eliminadas do organismo, inclusive os produtos residuais da proteína.) Entretanto, o iogurte protege contra câncer de cólon, uma vez que a bactéria *lactobacillus acidophilus* (encontrada em muitos iogurtes) diminui o desenvolvimento de tumores de cólon, segundo pesquisa realizada na Universidade Tufts, em 1990.

A maioria das carnes não-orgânicas atualmente, quer seja proveniente de frango, da vaca, do porco ou do carneiro, recebeu algum tipo de tratamento hormonal. Os animais recebem hormônio para aumentar o peso ou a produção de leite. O leite representa outra fonte de hormônios, principalmente estrogênio. Obviamente não é fácil descobrir os efeitos a longo prazo desses hormônios.

Durante sete anos, o dr. Malcolm Carruthers, especialista em doenças relacionadas com hormônio masculino, investigou 1.000 pacientes que se queixavam de sintomas de "menopausa masculina". Os sintomas mais comuns eram: fadiga, depressão, perda de libido, atrofia dos testículos, impotência e aumento do seio, somados com aumento de risco de câncer de próstata. Desses 1.000 casos, o grupo de maior risco era composto por trabalhadores rurais (que lidavam diretamente com agrotóxicos). De acordo com Carruthers: "Para alguns, o fator causal parecia óbvio. Eles trabalhavam em fazendas esterilizando frangos ou perus com implantes de pílula de estrogênio, para que as aves ficassem mais gordas ou com a carne mais macia. Infelizmente, embora isso possa ser considerado muito justo, eles devem ter ingerido grandes quantidades de estrogênio, o que fez com que eles mesmos, em parte, ficassem estéreis." Até mesmo os trabalhadores rurais que ficavam menos expostos a hormônios e pesticidas — que interferem com o equilíbrio hormonal masculino — também apresentaram sintomas de "menopausa masculina".

Qualquer pessoa normal ficaria possessa se descobrisse que sua comida foi adulterada pelas gananciosas indústrias químicas e alimentícias, mas em alguns aspectos a Inglaterra é mais exigente do que os Estados Unidos, onde muitos hormônios banidos da Europa ainda são amplamente utilizados. Um desses hormônios é o somatotropina bovina (BST), administrado com o propósito de aumentar a produção de leite. Com a legislação do comércio mundial encaminhando-se cada vez mais para a queda das barreiras comerciais, os Estados Unidos estão fazendo pressão sobre os países da União Européia para eliminar a proibição de BST, cujos resíduos podem ser encontrados no leite e em outros produtos derivados de leite dos Estados Unidos.

Além dos hormônios administrados para estimular a produção de carne e leite, a carne constitui um reservatório potencial de DDT e de seus resíduos. Uma das mais poderosas substâncias químicas destruidoras de hormônios, o DDT passou a ser usado amplamente como pesticida a partir de 1939. Em 1968, foi banido dos Estados Unidos e da maioria dos outros países. Todavia, como não é degradável, ele continua na cadeia alimentar e acaba armazenado no tecido gorduroso, local onde o organismo acumula as toxinas de que não consegue se livrar. Portanto, segundo pesquisa realizada pelo Ministério da Agricultura, Alimentação e Pesca, ainda nos dias de hoje pode haver algumas centenas de miligramas de DDT em nosso organismo.

Em suma, as evidências demonstram a importância da redução de ingestão da carne, para que o risco de câncer seja reduzido. Os que desejam manter a saúde e correr o menor risco possível de desenvolver essa doença devem seguir as seguintes diretrizes:

- Evite a ingestão de carne vermelha, ou pelo menos limite sua quantidade a um máximo de 80g por dia.
- Evite, ou coma raramente, carne tostada, quer seja grelhada, frita ou churrasco.
- Prefira carne orgânica ou aves.
- Coma carne com pouca gordura como frango ou caça, em vez de carne vermelha ou proveniente de animais domesticados.
- Limite a ingestão de laticínios, escolhendo produtos orgânicos sempre que possível.

Frutas, Hortaliças e Fitonutrientes

9

De todos os fatores ligados à alimentação, o que mais oferece proteção contra o câncer, sem dúvida alguma, é o aumento da ingestão de frutas, legumes e verduras. Em outras palavras, quanto mais você comer desses alimentos, menor o seu risco. De acordo com um relatório do Fundo Internacional de Pesquisa do Câncer, "apenas o fato de colocar em prática a recomendação de consumir 400g ou mais de legumes, verduras e frutas por dia — poderia reduzir pelo menos 20 por cento da incidência geral de câncer". Por esse motivo, o governo nos estimula a comer pelo menos cinco porções desses alimentos todos os dias. Um estudo comparou pessoas que seguiam uma dieta mediterrânea — rica em frutas, legumes, verduras e cereais — com outras sob uma dieta controlada (semelhante à "dieta prudente" recomendada pela Associação Americana de Cardiologia). Depois de quatro anos, as pessoas que faziam a dieta mediterrânea apresentaram redução de 61 por cento no risco de câncer, e a taxa de mortalidade caiu para 50 por cento.[6]

A ligação entre o aumento da ingestão de frutas, legumes e verduras e a redução do risco é muito convincente para os cânceres do trato digestivo (boca, faringe, estômago, cólon e reto), pulmão e mama, com alguma evidência para cânceres de rim e os relacionados com hormônios. Um estudo realizado na Suécia analisou a alimentação de mais de 700 pessoas e descobriu uma correlação entre ingestão de frutas e redução de 50 a 60 por cento do risco de desenvolver câncer nos rins.[7]

Foi essa forte ligação que levou os estudiosos a investigarem os fatores de proteção contidos nesses alimentos. Alguns alimentos parecem ser especialmente protetores. Entre eles estão as cenouras — alguns estudos revelaram que uma cenoura por dia poderia reduzir pela metade o risco de contrair câncer de pulmão[8] — e os tomates. Os homens que consomem pelo menos 10 porções de alimentos à base de tomate por semana correm um risco 50 por cento menor de ter câncer de próstata, enquanto os que consomem quatro porções ou menos por semana têm o risco diminuído apenas em 20 por cento.[9]

Poder Antioxidante

A cenoura e o tomate são ricos em nutrientes antioxidantes, que protegem contra os prejudiciais oxidantes cancerígenos. Embora as frutas, verduras e legumes possuam uma grande gama de antioxidantes, a maioria das pesquisas tem se concentrado na quantidade de vitaminas A e C presente nos alimentos. Quanto maior a ingestão de vitamina A (ou mais particularmente de beta-caroteno, a fonte vegetal de vitamina A), menor o risco de contrair câncer de pulmão.

Um estudo realizado no Japão, com 265.000 pessoas, descobriu que aquelas que ingeriam uma quantidade pequena de beta-caroteno corriam um risco muito maior de contrair câncer de pulmão.[10] Esse dado foi confirmado por outro estudo publicado pela revista médica britânica *The Lancet*, que mostrou que um fumante inveterado com alto *status* de beta-caroteno corria o mesmo risco de contrair esse tipo de câncer que um não-fumante com baixo *status* de beta-caroteno.[11] Este último ilustra a importância dos dois lados da equação do câncer — a exposição a carcinogênicos (nesse caso os oxidantes provenientes da fumaça), contra os fatores de proteção (os antioxidantes do beta-caroteno). Cenouras, brócolis, batata-doce, melão cantalupe e damasco são especialmente ricos em beta-caroteno. Frutas, verduras e legumes frescos são ricos em vitamina C. Tudo indica que a ingestão desses alimentos impede que o DNA seja danificado, detendo o início[12] e a evolução do câncer.[13] O quadro abaixo mostra quais são os alimentos ricos nesses importantes antioxidantes.

Alimentos ricos em antioxidantes

Os antioxidantes mais polivalentes possuem o maior número de estrelas. Os alimentos estão relacionados de acordo com o número de estrelas. Não deixe de incluir a maior parte deles em sua alimentação.

	Fonte rica em		
Alimento	**A**	**C**	**E**
Batata-doce	★★★	★	★★★
Cenoura	★★★	★★★	
Agrião	★★★	★★★	
Ervilha	★	★★	★★
Brócolis	★★	★★★	
Couve-flor	★	★★★	
Limão	★	★★★	
Manga	★★	★★	
Carne	★★		★★
Melão	★★	★★	
Pimentão	★	★★★	
Abóbora	★★	★★	
Morango	★	★★★	
Tomate	★★	★★	
Repolho	★★★		
Grapefruit	★	★★	
Kiwi	★	★★	
Laranja	★	★★	
Sementes e castanhas			★★★
Abobrinha	★★★		
Atum, cavalinha, salmão			★★★
Germe de trigo	★★★		
Damasco	★★		
Feijão			★★

Ao mesmo tempo em que as vitaminas A, C e E são importantíssimas na prevenção do câncer (ver Capítulo 20), está se tornando claro que as frutas, legumes e verduras contêm muito mais do que vitaminas. Existem literalmente centenas de compostos ativos nas plantas, conhecidos coletivamente como fitonutrientes (fito = planta). Muitos desses compostos ativos são antioxidantes que protegem contra o câncer.

Alguns desses nutrientes estão sendo utilizados em suplementos nutricionais, como a quercetina (da *cranberry*); a rutina (do trigo-sarraceno); a catequina (das uvas); o picnogenol (da casca do pinheiro); a silimarina (do cardo-mariano); a *bilberry* e as antocianidinas (de algumas frutas silvestres). (Seu papel como suplemento é discutido de forma mais detalhada na Parte 4.) Muitos desses fitonutrientes determinam a cor do alimento. Os carotenóides, incluindo o beta-caroteno, são responsáveis pela cor laranja das cenouras, enquanto as antocianidinas dão a muitas frutas silvestres (como amora, framboesa, morango, acerola, *blueberry* entre outras) sua coloração vermelha ou azul. Em termos gerais, há uma boa razão para se recomendar não apenas a ingestão de muitas frutas, verduras e legumes, mas também para optar pelos que possuem cores variadas, como laranja, azul e vermelho.

Vegetais Crucíferos — Você Está Comendo o Suficiente?

Outro fator de proteção nas plantas consiste nos fitonutrientes chamados de glicosinolatos. Esses fitonutrientes são encontrados particularmente nos vegetais crucíferos, uma família de vegetais cujas folhas crescem em forma de cruz: brócolis, repolho, couve-flor, couve-de-bruxelas, agrião, raiz-forte, couve, couve rábano, mostarda, rabanete e nabo. A ingestão de vegetais crucíferos três vezes por semana pode reduzir pela metade o risco de câncer de cólon[14], entre outros. Os glicosinolatos parecem ajudar na desintoxicação de alguns carcinogênicos.

Num estudo, primeiro os indivíduos comeram couve-de-bruxelas contendo glicosinolatos por sete dias e, em seguida, couve-de-bruxelas isentas de glicosinolatos pelo mesmo período. Depois de uma semana de consumo de glicosinolatos, houve um aumento de 30 por cento das enzimas responsáveis pela desintoxicação no cólon, em comparação com o período sem ingestão de glicosinolatos.[15] As provas do seu efeito protetor não são assim tão contundentes como no caso das frutas, verduras e legumes ricos em antioxidantes. Não obstante, existem provas crescentes de que os glicosinolatos nos vegetais crucíferos ajudam a suportar a carga de exposição diária às toxinas e carcinogênicos, estimulando o organismo a produzir enzimas desintoxicantes.

Os glicosinolatos, sobretudo uma substância chamada indol-3-carbinol (I3C), também podem fornecer proteção contra oxidantes e estrogênios prejudiciais ao organismo.[16] Como vimos, níveis altos de estrogênio estão ligados a cânceres de mama e útero. Porém, o estrogênio geralmente é desativado pela I3C. Estudos realizados em animais utilizando essa substância acusaram redução da incidência de câncer.

A Soja e a Prevenção do Câncer

Os glicosinolatos não constituem o único fator nas plantas capaz de proteger contra os cânceres relacionados a hormônios. Os povos asiáticos que substituíram sua alimentação tradicional de coalhada de feijão e leite de soja por hambúrgueres e batatas fritas estão ficando mais suscetíveis ao câncer e a problemas cardíacos. Pesquisas conjuntas realizadas pela Universidade Chinesa de Hong Kong e a Universidade de Manchester indicam que a soja pode proteger contra o câncer de próstata e de mama.

Os grãos de soja contêm grandes quantidades de fitoestrogênios, que podem ter um efeito protetor. A alimentação tradicional no Oriente é particularmente rica em isoflavonóides, um tipo de fitoestrogênio. Foi comprovado que os japoneses com baixa incidência de câncer de próstata possuem níveis de isoflavonóides no sangue de sete a 110 vezes mais altos do que os finlandeses.[17] Entretanto, ainda não compreendemos exatamente como os fitoestrogênios agem. O professor Norman Blacklock, da Universidade de Manchester, crê que possam exercer um "fraco efeito estrogênico". Acredita-se que os fitoestrogênios bloqueiam os sítios receptores de estrogênios, reduzindo, dessa forma, os níveis de estrogênio ativo. Se isso for comprovado, reforçará as provas crescentes de que muitas doenças modernas, incluindo os cânceres de mama e próstata, são conseqüência do excesso desse hormônio.

Existe razão também para crer que um inibidor de protease na soja, o Inibidor de Bowman-Birk (BBI), pode representar outro importante composto anticancerígeno. Num estudo conduzido na Faculdade de Medicina da Universidade da Pensilvânia, foi adicionado BBI à alimentação dos camundongos que haviam sido alimentados anteriormente com uma substância que induz câncer de cólon. Nenhum dos camundongos desenvolveu tumor. Em estudo semelhante, o BBI suprimiu a formação de tumores numa proporção de 71 por cento.[18]

Qualquer que seja o seu mecanismo de ação, os fitoestrogênios têm sido freqüentemente associados à redução do risco de câncer. As mulheres que fazem uma alimentação rica em soja correm menos risco de ter câncer de mama, enquanto os homens correm um risco substancialmente menor de ter câncer de próstata. As pesquisas estão começando a se concentrar em dois isoflavonóides — genisteína e daidzeína. Descobriu-se que as japonesas, que geralmente correm menos risco de ter câncer de mama do que as mulheres de outras sociedades industrializadas, possuem níveis mais altos desses isoflavonóides no organismo. Essas substâncias podem proteger contra os efeitos prejudiciais do estrogênio que não sofre oposição.

Um estudo recente indicou que o consumo regular de soja por um período prolongado, que expõe os tecidos a esses dois isoflavonóides, aumenta seus efeitos de proteção.[19] Outros estudos ilustraram o papel de outros fitonutrientes presentes na soja — a isoflavona equol e a lignana enterolactona — na redução do risco de câncer de mama.[20] Os pesquisadores acreditam também que a soja protege, em parte, inibindo o desenvolvimento de novos vasos sangüíneos e, dessa forma, privando as células cancerosas de alimento. Assim, a soja tanto evita o desenvolvimento de cânceres relacionados a hormônios como inibe a evolução de tumores.

A ingestão ideal de genisteína e daidzeína para prevenção de câncer é de cerca de 5mg por dia, o que equivale a uma porção de 340g de leite de soja ou uma porção de tofu. O tofu, uma coalhada feita de soja, constitui a fonte mais rica de isoflavonóides, ao passo que os produtos de soja altamente industrializados representam a fonte mais pobre.[21] Embora ainda demore alguns anos para que as experiências com seres humanos sejam concluídas, certamente existem boas razões para incluir a soja na sua alimentação anticancerígena.[22]

Alho e Cúrcuma

O alho e a cúrcuma dão mais sabor às verduras e legumes e reduzem o risco de câncer. O consumo regular de alho protege sobretudo contra cânceres do sistema digestivo.[23] O alho contém cerca de 200 compostos biologicamente ativos, muitos dos quais protegem contra câncer e problemas cardíacos. A cúrcuma, um tempero amarelo rico no fitonutriente curcumina, além de ser um famoso agente antiinflamatório, inibe o crescimento de câncer em animais.[24]

Coma Alimentos Orgânicos

Embora exista uma boa razão para se preocupar com o uso de herbicidas e pesticidas, a forte associação que está sendo feita em todo o mundo entre a ingestão de muitas frutas, legumes e verduras e a redução do risco de câncer indica que os fatores positivos desses alimentos superam os efeitos negativos. Isso posto, podemos deduzir que a ingestão de frutas, verduras e legumes orgânicos (cultivados sem o uso de pesticidas e herbicidas) pode conferir proteção extra, minimizando os efeitos da sua exposição a toxinas. Essa área definitivamente carece de mais pesquisas. Foi constatado também que os produtos orgânicos contêm, em média, cerca de 50 por cento a mais de minerais.

Dos pesticidas e herbicidas usados em vários países, Lindane, Mirex, 2,4-D e 2,4,5-T são classificados como possíveis carcinógenos para os seres humanos. Aldrin, Eldrin e Dieldrin também estão na lista de suspeitos, com base em experiências realizadas com animais. Sabe-se que muitos outros causam danos aos genes (ver página 122). Apesar de o DDT ter sido proibido, comprovou-se que a exposição a esse pesticida aumenta o risco de câncer de mama. O DDT não é biodegradável e seus resíduos ainda são encontrados em alimentos e tecidos humanos.

Fato particularmente preocupante é que as crianças consomem mais resíduos de pesticida do que os adultos. Isso ocorre provavelmente porque elas comem mais frutas e alimentos em geral, em relação ao tamanho do seu corpo, e porque a exposição aos pesticidas durante os "anos de desenvolvimento" aumenta consideravelmente o risco. (A ligação entre exposição a pesticidas e câncer é discutida posteriormente no Capítulo 15.)

Há uma boa razão, tanto do ponto de vista de risco de contrair câncer como da saúde em geral, para comer produtos orgânicos e alimentar as crianças com frutas, verduras e legumes orgânicos sempre que possível.

Em suma, para maximizar a sua proteção contra o câncer:

- Coma muitas frutas, legumes e verduras — pelo menos cinco porções por dia.
- Faça uma seleção "colorida" de frutas e vegetais, incluindo algo de cor laranja todos os dias (como cenoura, batata-doce, tomate, pêssego ou melão cantalupe) e algo vermelho/roxo (como uvas e beterraba).
- Inclua uma porção de vegetais crucíferos diariamente, como brócolis, couve-de-bruxelas, repolho, couve-flor e couve.
- Coma produtos orgânicos sempre que possível.
- Coma um dente de alho por dia.
- Tome leite de soja ou coma tofu dia sim, dia não.

10 Gorduras Benéficas e Prejudiciais

A alimentação moderna é excessivamente rica em gorduras, o que responde por volta de 40 por cento do total de calorias que ingerimos. A quantidade ideal é cerca de 20 por cento, e muitos governos vêm estabelecendo uma meta de redução de consumo de gordura para 30 por cento. Muito mais importante do que a quantidade, contudo, é o *tipo* de gordura que ingerimos e *como* ingerimos.

Gordura sólida ou saturada em excesso (encontrada principalmente na carne e nos laticínios) significa maior risco de doença cardiovascular e está ligada ao aumento do risco de cânceres de mama, próstata, endométrio (útero) e colorretal. Isso é o que diz o Instituto Nacional do Câncer norte-americano e o Fundo Internacional de Pesquisa do Câncer (WCRF). O Departamento Internacional de Pesquisa sobre Câncer da Organização Mundial da Saúde também relatou associação entre aumento do risco de câncer de mama e crianças com alimentação rica em gorduras. Entretanto, os dados podem ser interpretados de várias formas.

Como os cânceres associados são basicamente relacionados a hormônios, e como a maior parte da gordura saturada origina-se de animais confinados (tratados muitas vezes com hormônios), pode ser que uma alimentação rica em gordura contribua para uma maior exposição a substâncias químicas destruidoras de hormônios e a resíduos hormonais. Além disso, quanto maior a porcentagem de gordura corporal, mais hormônio estrogênio será armazenado, em vez de eliminado.

Talvez mais significativo ainda seja o fato de que o homem moderno tem uma grande deficiência de gorduras essenciais ou poliinsaturadas — encontradas em sementes, castanhas, peixe e seus óleos. Essas gorduras essenciais (provenientes de duas famílias, conhecidas como gorduras Ômega-3 e Ômega-6) representam componentes importantes de uma alimentação saudável e, sem dúvida alguma, são essenciais para o sistema imunológico e para a saúde das células.

Embora as gorduras poliinsaturadas sejam essenciais para a saúde, elas têm uma tendência maior a sofrer danos — a ficar oxidadas — do que as gorduras saturadas. Altas temperaturas ou métodos de processamento podem transformar essas gorduras benéficas em gorduras prejudiciais. Em vez de obter nossas gorduras essenciais de sementes e castanhas cruas, de seus óleos prensados a frio ou de peixes, a maior parte das gorduras poliinsaturadas que ingerimos já foram danificadas pelo calor ou pelo processamento na forma de alimentos industrializados, margarina e óleos refinados usados para fritura. Esse fato, aliado à pouca ingestão de antioxidantes, constitui um verdadeiro desastre.

Por conseguinte, os estudos que investigaram a associação entre gorduras poliinsaturadas e câncer sem determinar que tipo de gordura estava sendo ingerido, ou como estava sendo processado, produziram achados contraditórios.

Gorduras que Curam

Existem, porém, provas crescentes de que o aumento do consumo de gorduras Ômega-3 (encontradas em sementes de linhaça e peixes, como salmão, arenque, cavalinha e atum) pode reduzir o risco de câncer. Foi comprovado que essas gorduras ajudam a reduzir o processo inflamatório, e acredita-se que evitem a expressão genética que promove o câncer. Além disso, quando o organismo está passando por um processo inflamatório, a chance de um câncer evoluir para a fase metastática com desenvolvimento secundário é maior. Quando o processo inflamatório é atenuado com o uso de gorduras Ômega-3, a probabilidade dessa evolução é reduzida.[25] Estudos recentes revelaram que, ao se reduzir a quantidade total de gorduras da alimentação, limitando as gorduras saturadas e aumentando a relação entre os óleos Ômega-3 e Ômega-6, o risco de câncer de mama também é reduzido.[26] As gorduras Ômega-3 derivadas de óleos de peixe parecem ser as que mais oferecem proteção.[27] Os cientistas da Faculdade de Medicina da Universidade de Patras, na Grécia, descobriram que depois de tomar suplementos durante 40 dias — 18mg de óleo de peixe, 115mg de DHA e 200mg de vitamina E — pacientes de câncer mal nutridos apresentaram um aumento significativo nos níveis de células T e maior relação entre as células T-auxiliadoras e as células T-supressoras, indicando fortalecimento do sistema imunológico.[28]

O consenso, tanto em termos de prevenção de câncer como da saúde de modo geral, é que devemos reduzir o consumo de gorduras saturadas (sobretudo de carne, laticínios e ovos) e de gordura processada ou danificada (proveniente de frituras e alimentos processados), e aumentar o consumo de sementes, castanhas e seus óleos prensados a frio ou de peixe. As melhores sementes são as ricas em gordura Ômega-3, ou seja, sementes de linhaça e de abóbora. Essas sementes precisam ser consumidas cruas, e as gorduras são protegidas pela vitamina E, que também faz parte da sua composição. Um suplemento adicional de vitamina E pode proteger ainda mais essas importantes gorduras essenciais contra a oxidação.

É importante usar apenas óleos extraídos a frio para preparar molhos de saladas. Foi comprovado que o óleo de oliva extra-virgem (prensado a frio), rico em gordura monoinsaturada, e não poliinsaturada, oferece proteção.

A ingestão de fritura, qualquer que seja o óleo utilizado, foi associada com maior risco de vários tipos de câncer.

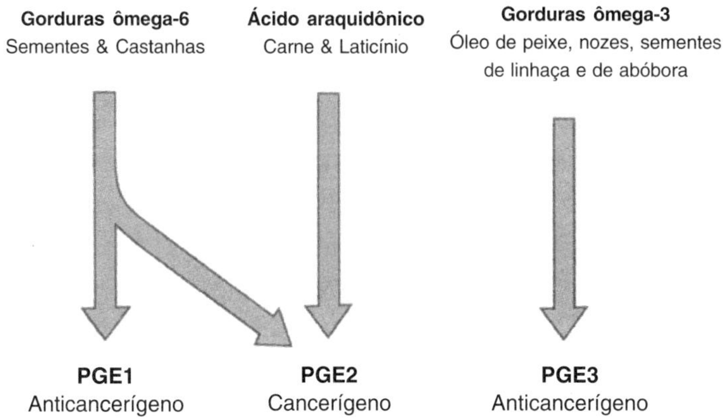

Figura 7 — Gorduras benéficas e prejudiciais

Coma mais Carboidratos

Uma das maneiras de diminuir o consumo de gorduras consiste em ingerir mais carboidratos. Um estudo que durante dois anos analisou mulheres cuja alimentação era pobre em gorduras e rica em carboidratos, descobriu que elas apresentavam alterações na composição do tecido mamário, alterações essas que provavelmente estariam ligadas à redução do risco de desenvolver câncer de mama.[29]

Como os carboidratos também possuem menos calorias do que as gorduras, essa é uma ótima maneira de cortar as calorias. As crianças que fazem uma alimentação rica em calorias correm mais risco de desenvolver câncer mais tarde. Um relatório do *British Medical Journal* analisou um estudo realizado em 1937 sobre a alimentação de quase 4.000 jovens que, posteriormente, foram identificados quando adultos. Os pesquisadores descobriram que as crianças que tinham uma alimentação mais rica em calorias tiveram um risco 20 por cento maior de morrer de câncer.[30] Uma análise da alimentação de pacientes com câncer de cólon e de um grupo de controle demonstrou que uma ingestão mais alta de calorias estava associada com maior risco de contrair a doença.[31] Uma alimentação rica em carboidratos complexos e com baixo teor de gordura também possui muitas fibras, e uma alimentação rica em fibras está associada com proteção contra câncer de cólon.[32]

Em suma, para maximizar a sua proteção contra câncer:

- Coma peixes — arenque, cavalinha, salmão e atum — e diminua o consumo de gorduras saturadas provenientes da carne e dos laticínios.
- Reduza o consumo de frituras. Em vez de fritar, cozinhe, asse, escalfe, ou prepare os alimentos no vapor.
- Acrescente sementes de linhaça ao seu café da manhã e use óleo de linhaça em temperos de saladas. Evite óleos vegetais refinados e use apenas óleos prensados a frio.

O Fator Fibra

11

A maioria das pessoas pensa em fibras como as substâncias não digeríveis da alimentação — a parte indigesta dos vegetais que ajuda a limpar o organismo. O que a fibra faz na realidade é absorver água no trato digestivo, aumentando, dessa forma, o volume da matéria fecal, que então transita com mais facilidade pelo organismo. Isso significa menor exposição aos alimentos que contêm substâncias cancerígenas e menos formação de carcinógenos, o que pode acontecer se o alimento transitar lentamente e, na verdade, apodrecer dentro de nós.

Não admira que uma alimentação rica em fibras esteja associada a menor risco de câncer colorretal. Existem poucas dúvidas de que a alimentação moderna — com alto teor de álcool, açúcar e gordura e baixo teor de fibras — faz um grande estrago no trato digestivo. Uma alimentação assim impede o equilíbrio sensível das bactérias benéficas desse sistema, irrita suas paredes e perturba o sistema imunológico associado aos intestinos.

Esse processo é conhecido como "disbiose" e pode ser facilmente testado pela análise das fezes, que mede a presença de certos indicadores de doenças digestivas. Entre esses indicadores estão o ácido butírico e a beta-glicoronidase. O ácido butírico é um tipo de gordura que na verdade alimenta e nutre o trato digestivo. Sem essa fonte de combustível ele provavelmente ficaria irritado, abrindo caminho para o câncer de cólon.[33] A presença de beta-glicoronidase em excesso constitui outro indicador de risco de câncer, tanto do trato digestivo como de mama. A beta-glicoronidase é um carcinogênico feito no interior de um sistema digestivo em estado de disbiose. Ela interfere com a capacidade que o fígado tem de degradar o estrogênio, que, conseqüentemente, continua a circular no organismo. A predominância de estrogênio representa um conhecido fator de risco de câncer de mama.

Isso pode explicar por que um estudo realizado na China concluiu que o consumo de alimentos ricos em fibra (bem como em vitamina C e caroteno) ajudava a proteger contra o câncer de mama.[34] Em outro estudo realizado no Uruguai, uma análise da alimentação de mais de 700 mulheres estabeleceu uma forte relação entre a ingestão de fibras na alimentação e a redução de risco de câncer de mama, em mulheres antes e depois da menopausa.[35]

A melhor maneira de aumentar a ingestão de fibras é comer alimentos integrais, como grãos integrais, lentilhas, feijão, castanhas, sementes, verduras e legumes. Parte das fibras dos vegetais é destruída pelo cozimento, portanto é bom comer também alguns vegetais crus todos os dias.

Café, Chá e Álcool — Toda a Verdade

12

Não resta dúvida de que o álcool é um poderoso carcinogênico. Ele prejudica a microbiota intestinal e converte as bactérias intestinais em metabólitos secundários que aumentam a proliferação de células no cólon, dando início ao câncer. O álcool também pode ser absorvido diretamente pelas células da mucosa que reveste o trato digestivo e ser convertido em aldeído, que interfere na reparação do DNA e promove o surgimento de tumor. De acordo com a Organização Mundial da Saúde, a ingestão de álcool foi ligada aos cânceres de garganta, boca, laringe, faringe, esôfago, mama e fígado, com um risco substancialmente alto para os fumantes. O Fundo Internacional de Pesquisa do Câncer (WCRF) acrescenta o câncer colorretal a essa lista e cita centenas de estudos que associam o álcool ao aumento da incidência dessa doença.[36]

Um estudo descobriu que as mulheres que ingerem álcool são mais suscetíveis ao câncer de mama, enquanto o Departamento de Saúde Pública do Japão revelou que o consumo de álcool representa o principal fator de risco de câncer colorretal. Outro estudo relatou supressão do sistema imunológico durante intoxicação aguda de álcool, bem como aumento de risco de "metástase" ou disseminação de cânceres, devido à redução da atividade das células assassinas naturais do sistema imunológico (que protegem contra as células cancerosas e infecções). A questão se existe ou não um nível "seguro", livre de qualquer risco, é controversa.

Quanto é Demais?

De acordo com o Fundo Internacional de Pesquisa do Câncer: "O consumo de álcool não é recomendado. Os homens devem limitar as bebidas alcoólicas a menos de dois drinques por dia e as mulheres, a um drinque por dia." No caso de câncer de mama, o risco aumenta até mesmo com um drinque por dia. Para o câncer de esôfago e de laringe, 120g de álcool por dia acarreta um risco de cinco a dez vezes mais alto. (Uma unidade de álcool — 250ml de cerveja, um copo de vinho ou uma dose de aguardente — contém cerca de 10g de álcool.) Uma revisão de seis experimentos clínicos, envolvendo um total de 322.000 mulheres, concluiu que beber de 2,8 a 5,6 copos de vinho por dia (ou o equivalente em cerveja ou aguardente) aumenta em 40 por cento o risco de câncer de mama.[37] Outro estudo, que acompanhou mais de 27.000 homens por um período de até oito anos na Finlândia, descobriu que o risco de ter câncer colorretal aumentava conforme a quantidade de álcool consumida.[38] Abaixo de três drinques por semana, não existem provas claras de risco.

Se você for beber, a melhor opção provavelmente é o vinho tinto. A imprensa tem divulgado amplamente que algumas substâncias presentes no vinho tinto apresentaram efeito protetor contra o câncer e problemas cardíacos. Assim como acontece com muitos alimentos, é provável que isso se deva às suas propriedades antioxidantes. Um estudo descobriu que os camundongos que tiveram vinho tinto incluído na alimentação ficaram livres de tumor por um tempo 40 por cento maior do que os que não receberam essa dieta.[39] Obviamente, você pode chupar uvas ou beber suco de uva e obter os antioxidantes dessa fruta sem consumir álcool.

Álcool e fumo formam uma combinação letal. Ambos podem dar início ao câncer. O efeito supressor do álcool no sistema imunológico aumenta o risco da disseminação de qualquer câncer. Logo, é considerado um "co-carcinogênico" para cânceres de esôfago, laringe, pulmão e estômago.

Os Perigos da Cafeína

Embora alguns estudos tenham registrado um aumento na incidência de câncer pancreático com o consumo de café,[40] estudos posteriores não revelaram essa associação. Ao longo da última década, foi realizado um número considerável de pesquisas sobre a ligação café-câncer. A maioria desses estudos chegou à conclusão de que é pouco provável que o café aumente os riscos de qualquer tipo de câncer, exceto da bexiga. Dificilmente o consumo de duas ou três xícaras de café podem contribuir para uma maior exposição a essa doença.

Chá — Faz Bem para Você?

O chá, por outro lado, pode ser bom ou ruim, dependendo do tipo que você bebe, e como bebe. O chá verde, vendido atualmente em lojas de produtos naturais, está associado com a redução do risco de câncer de estômago. O chá preto — que também contém antioxidantes — provavelmente confere proteção, e não risco. Numa experiência clínica realizada com camundongos, os que receberam chá preto tiveram 54 por cento menos de câncer do que os que receberam água, e significativamente menos do que os que receberam chá verde.[41]

Entretanto, do ponto de vista da saúde de modo geral, não é recomendável beber muito chá ou café. Ambos contêm aditivos estimulantes, e inúmeros estimulantes exercem efeitos negativos sobre os níveis de desempenho mental, *stress* e energia.

O chá mate, bebido em grande escala na América do Sul, parece aumentar o risco de cânceres do esôfago e da boca. Porém, o mesmo acontece com bebidas que são ingeridas muito quentes, que podem danificar a membrana que reveste a garganta e o esôfago.

De modo geral, o conselho é:

- Não beba álcool, mas se o fizer limite sua ingestão a dois drinques por dia. O ideal é três ou quatro drinques por semana, de preferência vinho tinto.
- Beba chá verde e de "ervas vermelhas", como *rooibosch*, rosa-canina (*rosehip*), hibisco e frutas silvestres — ricas em antioxidantes — ou chá comum em vez de café. Entretanto, para a saúde em geral, não beba quantidades excessivas de nenhum dos dois.

PARTE 3

ESTILO DE VIDA ANTICANCERÍGENO

Como se Proteger da Radiação 13

Não há a menor dúvida de que a radiação inicia o processo canceroso, e todos nós estamos expostos a ela em níveis substanciais. A questão é: que tipo e quantidade de radiação afetam significativamente o risco de desenvolver câncer?

Todos nós estamos expostos à radiação existente na atmosfera, e não apenas de fontes fabricadas pelo homem — na verdade, dois terços dessa radiação é proveniente da natureza. Existem materiais radioativos no ar, nos alimentos e na água. A maior parte da radiação que recebemos vem de fontes naturais e o restante, de raios X, acidentes e vazamentos nucleares e, possivelmente, outros fatores como telefones celulares.

"Radiação" é um termo amplo que abrange ondas luminosas, ondas de rádio e microondas. Entretanto, via de regra é usado em referência à radiação ionizante — ou seja, radiação que produz radicais livres ionizantes que, por sua vez, podem desencadear câncer (ver Capítulo 2). As conseqüências a longo prazo da exposição excessiva à radiação podem incluir leucemia e outros tipos de câncer, bem como infertilidade, catarata e lesão na pele.

Como Funciona a Radiação

Nem toda radiação, contudo, é ionizante. Para compreender o que oferece e o que não oferece perigo, é preciso compreender o mecanismo da radiação. Os átomos, quando "excitados", liberam energia. Essa energia viaja como uma onda que se irradia da sua fonte — daí o termo "radiação". Se a onda tem uma freqüência alta, possui muita energia — pode atravessar objetos e desencadear mudanças (ou seja, gerar os prejudiciais "radicais livres"). A radiação liberada pelo urânio, por exemplo, encaixa-se nessa categoria. O Sol também emite radiação de alta freqüência.

No entanto, não é apenas a freqüência que determina o quanto a radiação é prejudicial, mas também a intensidade — ou seja, o poder do sinal. Portanto, embora o Sol emita radiação de alta freqüência, quando essa radiação chega até nós depois de atravessar milhares de quilômetros no espaço, sobretudo ao passar por camadas de nuvens, ela é relativamente inofensiva. A não ser que você passe uma hora sob o sol escaldante do equador. Logo, quanto maior a freqüência, mais forte o sinal, e quanto mais perto você estiver da fonte — maior sua exposição a partículas de grande energia, com aumento correspondente da produção de radicais livres prejudiciais. Em contrapartida, um sinal de baixa freqüência — como uma onda de rádio — pode gerar um pouquinho de calor, mas não contém energia suficiente para produzir radicais livres e causar danos.

Os Perigos dos Computadores e dos Aparelhos de Televisão

A radiação liberada pelo rádio, pela tela da TV e pelo monitor de vídeo do computador não representa nenhum risco à saúde, pois sua energia é baixa, embora seja sempre bom ter um pouco de ventilação, uma vez que muitos aparelhos eletrodomésticos deixam o ar seco e geram calor. Assistir televisão a poucos centímetros de distância da tela 24 horas por dia pode, entretanto, fazer mal à saúde. Algumas pessoas colocam filtros nas telas dos computadores para reduzir a radiação. É bom sentar-se o mais distante possível da tela, para que a energia das partículas se dissipem antes de chegar até você.

O forno de microondas possui grande energia, mas as ondas ficam contidas dentro da caixa de metal e você não fica exposto. Mesmo assim, o intenso calor gerado pela ação das microondas nas gorduras dos alimentos gera radicais livres, de forma bastante semelhante à fritura e, por esse motivo, o seu uso não é recomendado.

Os Telefones Celulares São Prejudiciais à Saúde?

A freqüência do sinal de um telefone celular é muito baixa. Entretanto, a força do sinal e, o que é mais importante, o fato de a fonte (o telefone) ficar bem próxima ao cérebro, tem sido motivo de preocupação. Não se sabe se a energia é suficientemente forte para gerar radicais livres e, conseqüentemente, aumentar o risco de câncer.

Pesquisas recentes realizadas na Austrália revelaram a duplicação de tumores em camundongos expostos à radiação das freqüências do telefone celular. Numa pesquisa conduzida pelo dr. Michael Repacholi, chefe do programa da Organização Mundial da Saúde que estuda os possíveis danos causados por campos eletromagnéticos, os camundongos foram expostos a pulsos de radiação durante uma hora por dia por um período de nove a 18 meses. No final do experimento, os camundongos apresentaram o dobro de linfomas de células B.[1] (Os efeitos das células B estão presentes em aproximadamente 85 por cento de todos os tipos de câncer.) Outra pesquisa realizada por Lester Packer e colegas também liga os campos eletromagnéticos ao aumento dos casos de câncer.[2]

Embora os camundongos não sejam seres humanos, esse achado é preocupante, uma vez que comprova a correlação entre o aumento da incidência de câncer do cérebro e o uso disseminado de telefones celulares. O dr. Andrew Davidson do Hospital Fremantle, na Austrália, analisou a incidência de câncer no cérebro nesse país no período de 1982 a 1992. Sua pesquisa mostra que o número de casos dobrou.[3] Esse tipo de câncer está aumentando também na Inglaterra e nos Estados Unidos, sem razão aparente.

A Organização Mundial da Saúde já encomendou pesquisas em todo o mundo para descobrir se o uso freqüente de telefones celulares realmente oferece risco.[4] Até que tenhamos a resposta, seria prudente usá-los com moderação, ou utilizar fones de ouvido.

Os Raios X

Outra fonte comprovada de radiação de grande energia é o raio X. Por esse motivo, não é aconselhável submeter-se a eles com freqüência. Isso, obviamente, levanta o dilema com relação às mamografias, utilizadas para identificação precoce do câncer de mama. Alguns estudiosos alegam que, quando empregados como um programa regular de triagem, os efeitos cumulativos dos raios X podem anular os benefícios obtidos com o diagnóstico precoce.

Embora a orientação de modo geral seja fazer três mamografias por ano, o dr. Karol Sikora, professor de oncologia do Hospital Hammersmith, acredita que antes dos 50 anos de idade essa triagem não traz benefícios. Por esse motivo, ele não a recomenda. Certamente as gestantes não deveriam ser aconselhadas a fazer. O dr. John Lee diz que as mamografias muitas vezes captam microcalcificações (pequenos depósitos de cálcio) no seio. Se essas microcalcificações precisam ou não ser tratadas é uma questão controversa, pois nem sempre representam câncer. Tanto Sikora como Lee são a favor do exame regular dos seios para identificação de quaisquer alterações suspeitas.

Ironicamente, outra fonte importante de exposição à radiação é a radioterapia, usada no tratamento de câncer. Ela só é recomendada em casos de tumor maligno em estágio avançado e que possa ser localizado com precisão, para minimizar os danos nos tecidos adjacentes. A radiação danifica o DNA das células cancerosas, mas danifica também algumas células sadias. O tratamento de radiação é carcinogênico por natureza e, portanto, sua utilização exige reflexões mais sérias.

Energia Nuclear — É Segura?

A despeito das negativas por parte da indústria nuclear, existem provas do aumento da incidência de leucemia infantil em determinadas regiões próximas a geradores de energia nuclear. Por exemplo, uma pesquisa publicada no *British Medical Journal*, em outubro de 1987, analisou dois grupos de crianças 1.068 nascidas perto de Sellafield e 1.564 nascidas fora dessa área, mas que freqüentavam escolas dos arredores.[5] Só ocorreram casos de leucemia e de outros tipos de câncer nas crianças que nasceram perto da usina de energia nuclear de Sellafield. E existem outras áreas de "foco de leucemia" nas cercanias de instalações nucleares. Entretanto, é verdade também que foram realizados grandes avanços com relação aos padrões de segurança dessas usinas e é possível que esse risco esteja confinado a velhos reatores e falhas, como vazamentos. Contudo, existem boas razões para a sociedade permanecer bastante atenta às medidas de segurança no manejo de combustível nuclear.

Radiação Natural

Afora os efeitos dos raios solares (discutidos no capítulo seguinte), a maior fonte de radiação "natural" é o radônio, gás que está presente em algumas áreas devido à geologia da região. À medida que o urânio das rochas se deteriora, ele produz radônio, que escapa — incolor e inodoro — para o ar. O urânio e o produto da sua decomposição, o rádio, são encontrados naturalmente em rochas, no solo e em alguns materiais de construção como madeira, tijolos e concreto. Quando os subprodutos decompostos são inalados (contendo pequenas partículas de poeira), as moléculas radioativas se instalam nos pulmões e irradiam intensamente à curta distância por muitos anos.

Ao ar livre, o radônio se mistura com o ar e se dispersa rapidamente. Dentro dos edifícios, entretanto, ele é liberado dos materiais de construção e do solo e inalado pelos ocupantes.

Pesquisas recentes realizadas no Reino Unido indicam que os moradores de algumas partes do país correm maior risco do que os moradores de outras partes. O sudoeste parece ser a região mais afetada, por ser rica em granito, mas existem outras. Em alguns casos, a dose de radiação do radônio responde por mais de 50 por cento do total da radiação natural. Nesse nível, ele poderia ser responsável por centenas de mortes de câncer por ano. Um estudo conduzido pelo Fundo de Pesquisa do Câncer do Reino Unido revela que o risco que as pessoas expostas ao radônio têm de contrair câncer de pulmão é 20 vezes maior. Com efeito, esse estudo atribui 1.800 mortes por câncer de pulmão por ano à exposição ao radônio.[6]

Se você mora numa região rica em granito, muito comum no sudoeste da Inglaterra, procure o Departamento de Saúde Ambiental para descobrir seu nível de exposição ao radônio. Quando os níveis estão altos, é melhor dar preferência a determinados materiais de construção. Outra medida importante consiste numa ventilação adequada sob o assoalho, para remover compostos radioativos antes que eles se acumulem.

Como se Proteger da Radiação

Os elementos radiativos podem ser assimilados pelo organismo e incorporados aos tecidos, onde continuam a emitir radiações. Um exemplo é o iodo radiativo, que se concentra na glândula tireóide. Ingerindo uma quantidade acima do normal de minerais (nesse caso iodo), os tecidos são saturados com elementos não-radiativos e, dessa forma, ficam protegidos.

Entretanto, as outras formas de radiação (por exemplo, do Sol ou de telefones celulares) podem gerar radicais livres (oxidantes) nocivos às células do organismo. Portanto, além de minimizar a exposição, o mais importante fator de proteção consiste em assegurar uma ótima ingestão de nutrientes antioxidantes, como vitaminas A, C e E e dos minerais zinco e selênio. Eles ajudam a proteger contra o dano causado pela radiação ionizante.

Em suma

- Só se submeta a um raio X quando for absolutamente essencial.
- Se tiver telefone celular, use-o de forma moderada e com um fone de ouvido.
- Se você suspeita que mora numa região com alto nível de radônio, procure o Departamento de Saúde Ambiental, e não se esqueça de que sua casa deve ser bem ventilada.
- Tome suplementos antioxidantes diariamente (ver Capítulo 24).

14 Morrendo de Vontade de se Bronzear?

A ligação entre a incidência de câncer de pele e a exposição ao sol é muito mais tênue do que somos levados a crer. Você sabia, por exemplo, que quanto mais próximo estiver do equador, menor a incidência de câncer? A luz do sol, ao que parece, é tanto benéfica quanto maléfica para nós. Por um lado, existem provas de que pessoas de pele clara que ficam expostas ao sol forte são mais propensas a ter câncer de pele. Por outro, existem algumas provas também de que a incidência de câncer é maior entre as pessoas que são privadas da luz natural do sol e passam horas a fio em ambientes de luz artificial.

A luz solar geralmente estimula a imunidade e faz bem à saúde. (Para uma discussão mais detalhada sobre os efeitos da luz, leia *Daylight Robbery* do dr. Damien Downing — ver Leituras Recomendadas.) Talvez isso se deva ao fato de a exposição aos raios solares estimular a síntese da vitamina D. Embora esse mecanismo ainda não esteja totalmente claro, foi comprovado que a vitamina D torna mais lenta a proliferação de algumas células cancerosas.[7] Foi constatado que pacientes com estágio avançado de câncer na mama e que possuem altos níveis de vitamina D têm maiores chances de sobrevivência. Talvez isso explique por que os índices de câncer de mama são mais baixos nas regiões mais ensolaradas do mundo. Curiosamente, a luz do sol realmente estimula o crescimento de células, mas não durante a exposição aos raios solares ou nas primeiras horas após essa exposição.[8] Portanto, temos uma hora de prazo para eliminar os oxidantes e reparar rapidamente qualquer lesão ao DNA, antes da explosão de atividade celular que ocorre após a exposição à luz solar.

Todavia, existe um limite para os benefícios dos raios solares, sobretudo nos casos de pele clara. As pessoas claras (com baixos índices de melanina), que se queimam com facilidade e raramente se bronzeiam quando tomam banho de sol, correm mais risco de contrair câncer de pele quando são expostos à radiação dos raios ultravioleta. À medida que as pesquisas avançam, está se tornando cada vez mais evidente que o fator que aumenta o risco de câncer é a combinação de certo tipo de pele com exposição excessiva ao sol. Outra pesquisa, porém, mostrou que os fatores genéticos (como o número de pintas que uma pessoa tem ou a cor da sua pele) podem ser mais importantes do que o tempo que ela passa exposta ao sol.

A maioria dos cânceres de pele, embora bastante comuns, possui tratamento e raramente é fatal. No entanto, cerca de 2 por cento deles são de natureza mais insidiosa e tendem a entrar em metástase rapidamente, disseminando para outras partes do corpo. São os melanomas. As evidências mostram que as características hereditárias, e não apenas a exposição ao sol, desempenham um papel mais importante na incidência de melanoma. Alguns especialistas acham que uma grande queimadura na infância também pode aumentar o risco na vida adulta. Desde 1935, o risco de desenvolver melanoma aumentou 20 vezes. A dra. Marianne Berwick, do Centro do Câncer Sloan-Kettering, de Nova York, descobriu que as pessoas ruivas ou loiras, de olhos ou pele clara e com muitas pintas, corriam um risco seis vezes maior de ter câncer de pele. Entretanto, o rápido aumento de melanoma indica que fatores de outra natureza que não genética estão envolvidos — a maior exposição aos raios ultravioleta devido a mudanças nos hábitos de lazer e a destruição da camada de ozônio são dois possíveis candidatos. Ao longo da última década, houve um aumento de sete por cento na exposição aos raios ultravioleta na Europa.

A combinação de pele clara, exposição excessiva ao sol forte e álcool ou fumo, definitivamente é nociva. Durante uma exposição ao sol forte, o risco de lesão oxidante da pele (ou seja, queimadura) é muito grande. O fumo leva oxidantes para dentro dos pulmões e da corrente sangüínea, enfraquecendo as defesas naturais do organismo. Esse também não é um bom momento para abusar da ingestão de frituras.

Se estiver tomando sol na praia, é melhor usar um protetor solar que contenha antioxidantes. Além disso, coma muitos alimentos ricos em antioxidantes, como frutas, verduras e legumes frescos. Esses são exatamente os alimentos encontrados nas partes do mundo onde o sol é intenso e brilha na maior parte do ano. Portanto, a natureza o protege se você comer alimentos locais.

Os filtros solares absorvem a energia ultravioleta antes que ela seja absorvida pela pele. Existem dois tipos de raios ultravioleta: o UVA, cujo excesso reduz a atividade do sistema imunológico e está mais associado ao envelhecimento do que ao câncer, e o UBV, que provoca queimadura de sol e lesão nas células da pele e pode desencadear o câncer. O ideal é limitar a exposição ao sol, uma vez que o UVA pode enfraquecer as respostas do sistema imunológico, que são vitais para a reparação das células lesadas.

Mas nem todos os protetores solares são igualmente eficazes. As pesquisas mostram que as substâncias químicas encontradas em alguns deles podem, na verdade, transmitir excesso de energia dos raios solares para a pele, danificando o DNA. Essas substâncias químicas são Padimato-O, PABA-O ou Escalol 507, segundo o dr. John Knowland, da Universidade de Oxford. A pesquisa foi realizada em tubos de ensaio, portanto ainda não se sabe se os mesmos efeitos ocorrem em seres humanos.[9]

O octilmetoxicinamato, o octilsalicilato, o salicilato e o homossalato de trietanolamina, todos absorvem de forma eficaz as porções perigosas da radiação UVB. O dióxido de titânio e o óxido de zinco também absorvem parte do espectro do UVA e espalham ou refletem os raios solares. Essas duas substâncias muitas vezes são empregadas em fatores de proteção solar. O número do fator de proteção solar (FPS) indica quanto tempo você pode permanecer ao sol sem se queimar. Por exemplo, FPS2 significa duas vezes mais, uma vez que bloqueiam a absorção de 50 por cento da energia que atinge a pele. Os melhores fotoprotetores também contêm antioxidantes, que protegem a pele, limpando os oxidantes e melhorando o sistema de defesa do organismo.

O lema australiano é — vista uma camisa, coloque um chapéu e passe um protetor solar, principalmente se tiver pele clara. O melanoma começa com pintas, por esse motivo é bom verificar se alguma delas apresentou alteração, sobretudo nos pés, nas dobras dos genitais, nos seios, nas axilas e no couro cabeludo. Se os melanomas forem detectados precocemente, o índice de sucesso é alto. Contudo, se passarem despercebidos por seis meses, muitas vezes são fatais.

Resumindo, com base nos dados obtidos até o momento, você deve:

- Minimizar o tempo que passa exposto ao sol forte, principalmente se tiver pele e olhos claros e muitas pintas.
- Usar um bom protetor solar que contenha antioxidantes, acima de FPS7.
- Comer alimentos ricos em antioxidantes — sobretudo frutas, verduras e legumes.
- Tomar um suplemento de antioxidante.

Pesticidas e Plásticos

15

Um dos fatores mais subestimados que contribuem para a epidemia de câncer é o efeito combinado da exposição às substâncias químicas fabricadas pelo homem. Essa afirmação, contudo, deve ser qualificada por duas razões. Em primeiro lugar, sabemos pouquíssimo sobre a maioria das milhares de substâncias químicas às quais estamos expostos de forma involuntária, e literalmente nada sobre seus efeitos quando combinadas. Em segundo, algumas das organizações que realizam pesquisas sobre câncer foram fundadas pela indústria farmacêutica e mantêm vínculos estreitos com ela, o que pode influenciar os rumos das pesquisas. Por conseguinte, existem poucos estudos sobre os efeitos dessas substâncias químicas. Entretanto, aqueles que foram feitos levantam algumas questões graves sobre pesticidas e outras substâncias químicas, sobretudo as utilizadas na indústria de plásticos.

O Problema dos Pesticidas

Atualmente, as três áreas de maior preocupação em relação aos pesticidas são suas ligações com o câncer de mama, com os cânceres infantis e com o aumento da incidência dessa doença entre os trabalhadores rurais.

No Reino Unido, 16.000 mulheres morrem vitimadas por câncer de mama todos os anos. Essa incidência particularmente alta em Lincolnshire — onde há muitas fazendas — em comparação com a média, pode ser explicada em parte pelo extenso uso de pesticidas em determinadas lavouras. Um estudo realizado pelo Greenpeace e vários grupos feministas analisou as possíveis ligações entre os inúmeros poluentes ambientais e o câncer de mama.[10] Esse estudo revelou que as mulheres correm um risco dez vezes maior de contrair câncer quando possuem altos níveis de pesticidas e outras substâncias químicas tóxicas no organismo. Os grupos analisaram especificamente a dioxina, o PCB, e o DDT. Essas substâncias químicas com base de cloro — organoclorados — geralmente são encontradas em peixes e aves aquáticas e podem acabar fazendo parte da alimentação de muitas mulheres. Segundo esses pesquisadores, quando substâncias químicas semelhantes foram proibidas em Israel, o índice de câncer de mama caiu vertiginosamente.

Muitos organoclorados não se degradam facilmente, permanecendo no meio ambiente por muito tempo, o que significa que podem entrar para a cadeia alimentar dos animais e dos seres humanos. Na Inglaterra, o lindano — um organoclorado — continua a ser amplamente utilizado na agricultura. É utilizado também em produtos médicos e veterinários e no tratamento da madeira para controlar pestes. A quantidade de lindano aplicada nas plantações em 1992 e 1993 foi o dobro da utilizada em 1987 e 1988. Um terço da quantidade utilizada em 1992 foi empregada no beneficiamento do açúcar de beterraba. Mais de 70 por cento dessas lavouras estão na região sudeste da Inglaterra, como Lincolnshire.

Apesar de se degradar mais facilmente do que outros pesticidas organoclorados, os cientistas relataram que o lindano se transforma em substâncias ainda mais perigosas, que podem ser cancerígenas. Em estudos realizados em tubo de ensaio, o dr. Leon Bradlow, do Laboratório de Pesquisas sobre Câncer Strang-Cornell, em Nova York, descobriu que o lindano estimula a produção de um hormônio capaz de danificar o DNA e causar alterações cancerosas nas células da mama. Essa substância foi detectada no leite de vaca e nos laticínios em todo o mundo, e é provável que seus oligoelementos tenham estado presentes em baixos níveis no leite do Reino Unido durante décadas. Como o açúcar de beterraba constitui o principal componente da ração do gado, tudo indica que essa seja a rota que o lindano percorre até a vaca e, no final, até o leite. Os pesquisadores analisaram um saco de torrões de açúcar de beterraba aleatoriamente e descobriram traços de lindano — apesar das reportagens afirmando que essa substância nunca fora encontrada num ingrediente de açúcar de beterraba da ração bovina.[11]

Pesticidas, Crianças e Câncer

Pesquisas realizadas na Nova Zelândia mostraram que os níveis de pesticida são mais altos nas crianças, sobretudo nas mais novas.[12] Esse fato provavelmente ocorre porque elas comem mais do que os adultos em relação à sua massa corporal, e geralmente consomem mais frutas, que foram generosamente pulverizadas. A pesquisa da Nova Zelândia revelou que as crianças pequenas, de um a três anos de idade, ingeriam duas vezes mais pesticidas organofosforados do que os adultos. Esse achado é particularmente preocupante, pois a introdução de carcinógenos ou substâncias químicas destruidoras de hormônios durante a fase de desenvolvimento da criança tem implicações ainda maiores na sua saúde futura. Estudos realizados em animais demonstram que os filhotes são muito mais suscetíveis aos efeitos de uma grande gama de pesticidas em uso atualmente.

As pesquisas que analisam a ligação entre o estilo de vida e o câncer infantil freqüentemente identificam a exposição a substâncias químicas como um fator de risco associado. Um estudo realizado em Maryland, nos Estados Unidos, comparou 84 crianças portadoras de câncer no cérebro com outras saudáveis e descobriu que as crianças com câncer tinham sido expostas a inseticidas em casa.[13] O Grupo de Estudos sobre Câncer dos Estados Unidos descobriu que 204 crianças cujos pais usavam pesticidas em casa e no jardim corriam mais risco de contrair leucemia,[14] achado que foi confirmado por outros pesquisadores.[15]

Uma fonte de organofosforado à qual algumas crianças estão expostas são as loções para combater o piolho. Como alguns fabricantes aconselham as crianças a deixarem a loção no cabelo de um dia para o outro, parece que existem motivos de sobra para preocupação. Uma alternativa natural é sufocar o piolho ensopando o cabelo com azeite de oliva e colocando uma touca de banho; depois de algum tempo, o piolho pode ser retirado com o pente. Outro método consiste em acrescentar óleo de *tea tree* ao xampu das crianças e deixá-lo no cabelo por dez minutos.

Outra indicação de que a exposição a agrotóxicos é realmente preocupante é a estatística sobre incidência de câncer entre os trabalhadores rurais. De modo geral, os fazendeiros e trabalhadores rurais são mais saudáveis. Contudo, existe um aumento desproporcional na incidência de vários tipos de câncer, incluindo leucemia, linfoma não-Hodgkin e cânceres do cérebro e da próstata. Nos Estados Unidos, a quantidade de pesticida espalhado nas plantações todos os anos subiu de 100 milhões de quilos na década de 1940 para dois bilhões de quilos na década de 1980. Atualmente, as frutas e hortaliças que uma pessoa média consome por ano foram borrifadas com mais de 4 litros de pesticidas e herbicidas.

Esses agrotóxicos são fabricados para matar, e não há dúvida de que os seres humanos não devem ser expostos a eles. Embora inúmeros pesticidas, herbicidas e fungicidas sejam conhecidos como carcinogênicos, é muito difícil identificar os que causam problemas, em que doses e quais os seus efeitos combinados. De modo geral, existem inúmeras provas de que a ingestão de frutas, legumes e verduras reduz o risco de câncer, mas os benefícios seriam ainda maiores se esses produtos fossem orgânicos.

Muito embora não tenham sido realizadas pesquisas, certamente existe uma razão lógica para preferir alimentos cultivados organicamente, pois "até prova em contrário essas substâncias são nocivas".

O Perigo dos Plásticos

Talvez ainda mais preocupante seja a descoberta de que várias substâncias químicas utilizadas na fabricação do plástico também são altamente carcinogênicas. Entre elas estão os alquilfenóis, como o nonilfenol e o octilfenol, os compostos bifenólicos, como o bisfenol A e os ftalatos. Essas substâncias químicas são usadas em detergentes e produtos de higiene pessoal, portanto pode ser que você tenha algumas delas em seu banheiro. Se tivessem de ser relacionadas nas embalagens dos alimentos, provavelmente você as encontraria também em sua cozinha. Muitas vezes são usadas para revestir recipientes de metal — como latas de alimentos — e embalagens de sucos, filmes de PVC, entre outras. Porém, elas não precisam ser declaradas. Por esse motivo, até que sejam proibidas ou uma lei exija que essas substâncias constem dos rótulos dos produtos, não há meios de saber.

O problema é que essas substâncias químicas podem destruir os sinais dos hormônios — pois geralmente possuem um efeito estrogênico (ver Capítulo 5). Esse é o efeito associado ao aumento do risco de cânceres relacionados com hormônios. A preocupação com o aumento dos índices de câncer e com a queda na contagem de esperma estimulou muitos grupos ambientalistas a fazerem campanha para que essas substâncias químicas destruidoras de hormônios sejam reveladas, senão banidas. Nessa lista, estão incluídos os compostos com base de cloro, como os organoclorados, os bifenis policlorados (PCB) e as dioxinas. Eles são utilizados nas plantações, na produção de papel e nos processos industriais. Muito embora o PCB e o DDT (um organoclorado) tenham sido banidos, eles não são biodegradáveis, o que significa que ainda podem ser detectados níveis significativos nas pessoas. O aditivo alimentar butil-hidroxianisol (BHA) também está na lista suspeita.

De acordo com o dr. Theo Colborn, co-autor do livro *Our Stolen Future* (ver Leituras Recomendadas), atualmente 100.000 substâncias químicas sintéticas são comercializadas em todo o mundo, incluindo 15.000 compostos clorados sintéticos — uma categoria de substâncias químicas combatida em virtude da sua permanência no meio ambiente e da constatação de que são nocivas à saúde. Os Estados Unidos exportam por ano 80 milhões de quilos de compostos que interferem no sistema endócrino, e qualquer pessoa disposta a fazer exames descobrirá pelo menos 250 contaminantes em sua gordura corporal.

Por exemplo, em seis meses de aleitamento, um bebê na Europa recebe a dose máxima de dioxina recomendada para toda a vida.[16] Na Espanha, uma análise de 20 marcas de alimentos acondicionados em latas que atualmente são revestidas com plástico (como muitas embalagens de sucos) revelaram os níveis mais expressivos de bisfenol-A, alguns 27 vezes superiores aos que causam a proliferação das células cancerosas no seio. Essas são algumas das revelações perturbadoras deste livro que ligam essas substâncias químicas às doenças de origem endócrina, inclusive câncer de mama, endometriose, problemas de próstata — e redução da fertilidade masculina.

Reiterando, até que sejam realizadas mais pesquisas, é impossível quantificar os perigos verdadeiros da exposição a essas substâncias químicas. Embora não seja possível evitar todas elas, algumas alterações na alimentação e no estilo de vida podem diminuir substancialmente a exposição a essas substâncias químicas destruidoras e potencialmente carcinogênicas. Procure seguir as seguintes recomendações:

- **Coma alimentos orgânicos** — Dessa forma você minimiza de imediato a sua exposição aos pesticidas e herbicidas. Os produtos que não são orgânicos devem ser lavados num meio ácido, composto por uma colher de sopa de vinagre numa tigela de água. Isso eliminará alguns, mas não todos os pesticidas.
- **Beba água filtrada** — Recomendo a compra de um filtro feito de aço inoxidável (não de plástico ou alumínio), que possa ser instalado sob a pia e possua um sistema de filtro de carvão. Embora não remova todas as substâncias químicas destruidoras de hormônio, pode diminuir a quantidade. Outra alternativa é comprar água mineral, em embalagem de vidro.
- **Diminua o consumo de alimentos gordurosos** — As substâncias químicas não-degradáveis se acumulam na cadeia alimentar

da gordura animal. Ao diminuir o consumo de gordura animal — carne e laticínios — você reduz a sua exposição.

- **Nunca aqueça os alimentos em embalagem plástica*** — Isso significa dizer adeus às refeições prontas de microondas. Se tiver de utilizá-las, transfira o alimento para uma vasilha de vidro antes de aquecer.
- **Diminua a quantidade de alimentos gordurosos que ficam em contato com plásticos flexíveis*** — Algumas substâncias químicas que dão flexibilidade aos plásticos podem passar para os alimentos gordurosos como salgadinhos, queijo, manteiga, chocolates, tortas, etc.
- **Diminua a quantidade de bebidas que ficam em contato com plásticos flexíveis*** — Tanto os sucos de frutas em caixas de papelão como algumas frutas e legumes enlatados possuem revestimento interno de plástico.
- **Diminua a quantidade de alimentos que ficam em contato com plásticos flexíveis*** — Isso significa usar sacos de papel sempre que possível, em vez de comprar tudo em bandejas plásticas, coberto com filme de PVC.
- **Passe a usar detergentes naturais** — Use apenas detergentes biodegradáveis para lavar a louça e a roupa, feitos por indústrias que especificam os ingredientes utilizados na embalagem. Verifique se os ingredientes incluem as substâncias químicas relacionadas nas páginas 122 e 123. Além disso, enxágüe bem os pratos e talheres.
- **Não use pesticidas no jardim** — Alguns pesticidas são destruidores de hormônios. A menos que você tenha certeza do contrário, não use. A incidência de câncer infantil é mais alta em casas cujos jardins são borrifados com pesticidas.

---

* Hoje em dia é impossível saber se os plásticos contêm substâncias químicas destruidoras de hormônios.

Fumante Ativo e Passivo

16

O fumo, sem dúvida alguma, atualmente é o principal responsável pelo número de mortes por câncer de pulmão em todo o mundo. A incidência, que varia de país para país, está estreitamente relacionada com o número de cigarros fumados, exceto em algumas regiões do mundo. Por exemplo, no Japão e na zona rural da China, a relação entre o número de cigarros e a incidência de câncer de pulmão é menor. Existe, portanto, uma grande possibilidade de que pelo menos dois outros fatores devam ser levados em consideração: a alimentação e a exposição à poluição industrial.

Poucas pessoas percebem como é importante fazer uma alimentação rica em nutrientes antioxidantes para se proteger contra os efeitos prejudiciais do fumo. Um estudo realizado no Japão com 265.000 pessoas descobriu que aquelas que ingeriam pouca quantidade de beta-caroteno (a forma de vitamina A encontrada nas frutas e nas hortaliças) corriam mais risco de contrair câncer de pulmão.[17] Além disso, um estudo realizado com os funcionários de uma companhia de eletricidade, publicado na revista médica *The Lancet*, revelou que o *status* de beta-caroteno era tão significativo quanto o fumo na determinação do risco de câncer do pulmão.[18] Nesse estudo, os pesquisadores descobriram que 6,5 por cento dos fumantes inveterados com baixo *status* de beta-caroteno desenvolveram câncer. Essa porcentagem caiu para 0,8 por cento entre os fumantes inveterados com alto *status* de beta-caroteno. Em contrapartida, os não-fumantes com baixo *status* de beta-caroteno também tinham um risco de 0,8 por cento, enquanto os não-fumantes com alto *status* de beta-caroteno não corriam risco algum.

Isso demonstra que o fumo e a alimentação desempenham papéis igualmente importantes na proteção contra o câncer de pulmão. O fumo também aumenta o risco de outros tipos de câncer, inclusive em outras partes das vias respiratórias, bem como do pâncreas, do colo do útero e da bexiga.[19] A alimentação oferece proteção contra essas formas de câncer.

Embora saiba-se que o conteúdo de alcatrão e o número de anos e de cigarros que uma pessoa fuma aumentam o risco, as pesquisas mostram que outro fator importantíssimo é a idade em que ela começa a fumar. Quem começa a fumar aos 15 anos de idade corre praticamente o dobro do risco de quem começa na casa dos vinte.[20] Isso salienta a importância da realização de campanhas para persuadir os adolescentes a não adquirirem esse hábito.

Outras Causas de Câncer de Pulmão

Entretanto, outros fatores de risco envolvidos no câncer de pulmão foram menosprezados na pressa de apontar o dedo apenas para o fumo. A importância de levar esses fatores em consideração fica evidente quando alguns fatos surpreendentes são analisados: a incidência de câncer de pulmão entre os não-fumantes dobrou nas últimas décadas; a incidência de adenocarcinoma do pulmão (que não está relacionado tão claramente com o fumo) também aumentou. Nos Estados Unidos, essa incidência é muito maior entre os negros do que entre os brancos. O professor Samuel

Epstein acredita que a exposição a carcinogênicos no trabalho em um grande número de indústrias, sobretudo provenientes do diesel, desempenha um importante papel no câncer de pulmão dos não-fumantes.[21]

Fumante Passivo

Para os não-fumantes, a questão principal é até que ponto a fumaça do cigarro dos outros contribui para o seu próprio risco de contrair câncer. Inúmeros estudos conduzidos ao longo da última década revelaram que a exposição à fumaça do cigarro das outras pessoas aumenta ligeiramente o risco de câncer de pulmão e, nas mulheres, de câncer de mama. Um desses estudos analisou mortes por câncer de pulmão em mulheres que moravam na Pensilvânia.[22] As mulheres que não fumavam nem ficavam expostas à fumaça apresentaram um quarto da incidência de morte de câncer de pulmão das mulheres expostas à fumaça dos outros. A incidência de morte de câncer de pulmão entre as fumantes era aproximadamente dez vezes maior do que das fumantes passivas. Outros estudos confirmam essa tendência, embora sejam necessárias mais pesquisas. Uma análise dos estudos realizados até hoje concluiu que "o risco relativo [de um fumante passivo contrair câncer de pulmão] é duas vezes maior [do que os não-fumantes que não ficam expostos].[23] Existem algumas provas de que a incidência de câncer de mama é maior entre as mulheres que ficam expostas à fumaça do cigarro dos outros.[24]

A despeito da redução do número de fumantes no mundo ocidental, um número impressionante de pessoas fuma. Nos Estados Unidos, 487 bilhões de cigarros são vendidos todos os anos. No Reino Unido, o número é de 83 bilhões. Ainda vai demorar para que esse grande responsável pelo câncer de pulmão seja eliminado.

Como se Defender das Substâncias Químicas

17

Muitas substâncias comuns a que estamos expostos são carcinogênicos conhecidos. Nos capítulos anteriores discutimos apenas algumas delas. Embora no cotidiano as pessoas tenham contato com níveis muito inferiores àqueles capazes de desencadear o câncer, uma rápida passada de olhos nas listas abaixo mostrará que provavelmente você está exposto a um grande número de carcinógenos. Talvez você se pergunte quais são os efeitos cumulativos dessa exposição, embora em doses baixas. Na verdade ninguém sabe, mas os resultados das análises realizadas no laboratório da professora Ana Soto e do professor Carlos Sonnenschein, da Universidade Tufts, em Boston, são alarmantes. Eles estavam investigando em que níveis as substâncias químicas destruidoras de hormônios causariam a proliferação de células cancerosas. Esses estudiosos expuseram essas células a combinações de cinco ou dez substâncias químicas, cada uma numa dosagem equivalente a um décimo da que produziria proliferação. Evidentemente havia um efeito coquetel, de forma que, em combinação, essas substâncias eram dez vezes mais poderosas e produziam uma rápida proliferação de células cancerosas na mama.[25]

Como Diminuir a Exposição aos Carcinogênicos Conhecidos

Os fatores mencionados a seguir só são carcinogênicos a partir de determinadas concentrações. Embora o ideal seja reduzir a exposição a esses carcinógenos ou a sua ingestão, em pequenas quantidades pode ser que não acarretem risco. Afinal de contas, é impossível evitar todos os carcinógenos hoje em dia, não importa onde ou como você viva.

GERAL

- Fumo, quer você seja ou não fumante.
- Alcatrão e derivados petroquímicos usados em alguns óleos para cabelo, batons, cosméticos, perfumes, sabonetes, desodorantes e antitranspirantes.
- Plásticos contendo cloroetileno, poliestireno e certos plastificantes (como o ftalato), utilizados em embalagens de alimentos, utensílios de cozinha, roupas, móveis, cortinas, roupas de cama, etc.
- Fluoreto em reservatórios de água e dentifrícios.
- Resinas epóxi, colas, etc.
- Tetracloreto de carbono (usado em líquidos de limpeza, etc.).
- Detergentes industriais contendo alquilfenóis.
- Várias emissões de fábricas, como siderúrgicas e indústrias de borrachas, sobretudo as que contêm ácido sulfúrico.
- Fumaça de escapamentos de carro, caminhão, ônibus e barco e aquecedores centrais (a óleo, carvão ou gás).
- Trabalho diário em indústria de calçados, móveis, tintas, etc.
- Dioxinas produzidas pela incineração de substâncias químicas que contêm cloro e alguns processos como a produção de hidrocarboneto clorado e papel.

- Os PCBs (bifenis policlorados), apesar de terem sido proibidos na Europa, são muito persistentes; costumavam ser utilizados em tintas, pinturas, plastificantes, capacitores e transformadores de eletricidade.
- Retardadores de chamas contendo bromo, substâncias químicas adicionadas a muitos produtos (como carpetes e computadores) para reduzir o risco de incêndio.
- Fluorocarbonos usados em vários produtos, de refrigerantes e anestésicos a pesticidas e surfectantes industriais.

O que você pode fazer

- Não fume e evite passar muito tempo perto de pessoas que fumam.
- Escolha os cosméticos com cuidado. A maioria das lojas de produtos naturais vendem produtos alternativos, com menos substâncias químicas.
- Use o máximo possível de recipientes e utensílios de vidro e madeira na cozinha.
- Diminua o consumo de alimentos cobertos por plástico, especialmente alimentos gordurosos como queijo.
- Use detergentes biodegradáveis.
- Se você fica exposto a substâncias químicas no trabalho, use máscara e luvas e mantenha o ambiente bem arejado.

COMIDA E BEBIDA

- Cloro na água da torneira.
- Pesticidas e seus resíduos (ver agrotóxicos abaixo).
- Carnes e peixes defumados (esses alimentos geralmente contêm creosoto e formaldeído).
- Conservantes de alimentos, principalmente nitrato no bacon, nas carnes processadas, nas frutas e hortaliças não-orgânicas e na água (proveniente do uso excessivo de fertilizantes com base de nitrogênio na agricultura).

- Café — suspeito porque a torrefação produz matrol.
- Café descafeinado contém matrol e outros solventes.
- Sacarina e ciclamatos (adoçantes químicos).
- Gordura saturada (encontrada nos laticínios, nas carnes e em seus derivados, em massas, bolos, pudins, queijo, leite, ovos, peixe, salgadinhos e outros alimentos fritos).
- Gorduras aquecidas em altas temperaturas (acima de 200ºC ou 392ºF na preparação do alimento.
- Álcool — o risco é expressivo acima de um drinque por dia para as mulheres e dois drinques por dia para os homens.
- Salsinha, aipo e nabo — esses e outros membros da família das Umbelíferas contêm psoraléns carcinogênicos.
- Alimentos queimados (tostados ou dourados) (por exemplo, torradas, bolos, pães).
- Carne e peixe grelhados — produzem aminas aromáticas heterocíclicas.
- Branqueadores (para pão de forma, etc.).
- Fungos nos alimentos (como *Arpergillus flavus*, a toxina aflatoxina e outras micotoxinas encontradas em certos mofos), por exemplo, castanhas, queijo, leite, geléia e pão.
- Alguns conservantes antioxidantes como o Butil-hidroxianisol (BHA).

O que você pode fazer

- Compre um bom filtro de água ou beba água mineral.
- Coma e beba produtos orgânicos sempre que possível.
- Lave os produtos não-orgânicos em água ácida — coloque uma colher de sopa de vinagre numa vasilha de água.
- Diminua o consumo de gorduras saturadas (carne e laticínios), carnes processadas e alimentos defumados — prefira peixe e produtos de soja.
- Evite fritura.
- Coma menos carnes e peixes grelhados — prefira cozidos.
- Não tome mais de um drinque por dia — de vez em quando troque por uma bebida sem álcool.

- Evite todos os alimentos processados e refinados, sobretudo aqueles que contêm alto teor de conservantes e outros aditivos.
- Se gosta de café, procure as variedades orgânicas. Prefira café descafeinado processado a água.
- Não coma alimentos que estejam começando a mofar.

REMÉDIOS CARCINOGÊNICOS

- Clorofórmio.
- Parafina líquida.
- Raios X (inclusive tinturas radioativas e radioisótopos).
- Óleos minerais.
- Todos os produtos derivados de carvão.
- Terapia hormonal (pílulas anticoncepcionais e TRH).
- Alguns antibióticos e fármacos sulfonamídicos são extremamente suspeitos.
- Psoraléns (usado no tratamento de problemas de pele).
- Tamoxifeno, o fármaco anticancerígeno.
- Vernizes dentários que contêm bisfenol A.
- Analgésicos contendo fenacetina.

O que você pode fazer

- Submeta-se a raios X somente quando for absolutamente necessário.
- Use alternativas naturais em vez de terapia de hormônios artificiais.
- Use alternativas naturais para fármacos, sempre que possível.

AGROTÓXICOS

- Atrazina, o pesticida mais comum encontrado na água potável do Reino Unido.
- Captana, fungicida.
- Clorotalonil, fungicida.
- Clospirifós, organofosforado.
- DDE, derivado natural bastante persistente do DDT.
- Diclorvos, organofosforado.

- Ditiocarbamatos ou EBDCs, fungicidas, incluindo mancozeb, metiram, tiram e zineb, que se decompõem para formar o etileno tiouréia (ETU).
- Endosulfano, organoclorado.
- Fenitrotiona, organofosforado.
- Iprodiona, fungicida.
- Malationa, organofosforado utilizado em várias loções de combate ao piolho.
- Permetrina.
- Pirimifós metílico, organofosforado.
- Procimidona, fungicida.
- Vinclozolina, fungicida.

O que você pode fazer

- Optar por produtos orgânicos sempre que possível.
- Não usar produtos no jardim ou nos vasos de plantas que contenham essas substâncias químicas.
- Optar por alternativas naturais.

OUTROS

- Radiação nuclear que polui a atmosfera, as plantações, a carne e a água.
- Certos vírus.
- Radiação de aparelhos de TV, computadores e telefones celulares.
- Radiação solar.

O que você pode fazer

- Evite ficar exposto ao sol forte. Se for inevitável, cubra-se ou use um bom protetor solar, com fator acima de 7.
- Se tiver telefone celular, utilize fones de ouvido.

Para muitos fatores, como o fumo, o procedimento correto é bem claro: não fume. O mesmo pode ser dito com relação aos pesticidas —

coma produtos orgânicos. Todavia, no que tange a outros fatores, não sabemos ao certo que atitude tomar. Como não conhecemos totalmente o efeito das combinações de carcinógenos leves e levaria décadas para descobrir, a única atitude sensata seria adotar uma alimentação e um estilo de vida que reduzam a exposição o máximo possível. Obviamente falar é fácil, o difícil é fazer. Mas contanto que você esteja fazendo tudo o que pode para *minimizar* a sua exposição, não vale a pena ficar obcecado. Afinal de contas, o *stress* e a preocupação não ajudam em nada, como você vai descobrir no próximo capítulo.

A Ligação com o *Stress*

18

O *stress* e as emoções negativas desempenham um papel muito importante na equação do câncer. Sabe-se perfeitamente que o câncer muitas vezes é diagnosticado em pessoas que sofreram uma grande perda ou passaram por uma experiência traumática um ou dois anos antes. O câncer geralmente parece ter um longo período de "incubação" — manifestando-se, em geral, de dez a 40 anos após a exposição inicial a um carcinógeno, como exposição ao cigarro ou ao amianto. No entanto, no caso de *stress* ou perda, o processo é muito mais rápido.

Em face das informações que temos sobre o impacto do *stress* e da perda de um ente querido no sistema imunológico, é bem provável que nas pessoas que sucumbem ao câncer o processo tenha se iniciado muito antes do evento da perda. O *stress* enfraquece tremendamente o sistema de defesa do organismo, permitindo que o processo se acelere rapidamente. Ele estimula a produção e a circulação de hormônios supra-renais. Estes, por sua vez, inibem a resposta do sistema imunológico, reduzindo os níveis de células brancas. Depressão, *stress*, ansiedade, hostilidade e fadiga resultam na piora da função das células T do sistema de defesa.[26] Segundo os pesquisadores da Faculdade de Medicina da Universidade de Ohio e do Centro Abrangente de Câncer, as pessoas extremamente estressadas que têm dificuldade de lidar com problemas apresentam deficiência na reparação do DNA danificado.[27]

O *stress* também suprime sobremaneira as defesas imunológicas do trato digestivo, que representa uma importante rota de entrada para os carcinógenos no organismo. Como cerca de três quartos de todas as nossas células imunológicas estão situadas no trato digestivo, esse fato é bastante significativo. Nossa primeira linha de defesa é uma substância chamada imunoglobulina A secretora (IgAs). O *stress* prolongado abaixa os nossos níveis de IgAs e, conseqüentemente, nos deixa mais vulneráveis aos efeitos dos carcinógenos no trato digestivo. Isso pode explicar por que o risco de contrair câncer colorretal fica maior após um período de grande *stress*.

De acordo com o livro do dr. Bernie Siegel, *Love, Medicine and Miracle* (ver Leituras Recomendadas), certos tipos de personalidade são mais suscetíveis ao câncer. Ele diz que a doença prevalece entre as pessoas que não formam vínculos estreitos, não se envolvem em relacionamentos amorosos, internalizam ou negam seus sentimentos e não têm facilidade de extravazar suas emoções negativas, como raiva ou frustração. As pessoas ativas, incisivas, que evitam se comportar de forma certinha demais e têm uma grande auto-estima, apresentam uma tendência menor a perdas não-resolvidas, à sensação de impotência ou desesperança que pode debilitar o sistema imunológico.

Entre as pessoas que vencem o câncer existem relatos freqüentes de transformações em várias áreas: nutricional, psicológica e espiritual. O desejo de viver certamente representa parte poderosa dessa equação. As técnicas de meditação e visualização também provaram ser úteis. Talvez o trabalho mais bem documentado seja o de Carl e Stephanie Simonton, que demonstrara o poder das técnicas de visualização no processo de cura. Essas técnicas são descritas no livro *Getting Well Again* (ver Leituras Recomendadas). As pessoas que recebem um diagnóstico potencialmente ameaçador amiúde passam por uma fase de negação seguida de raiva, alimentada pelo medo. Quando a pessoa lida com essas questões e emoções, passa a aceitar a realidade e fica mais preparada para se concentrar na cura.

Existem inúmeras organizações que ajudam as pessoas portadoras de câncer a lidar com essas questões. Esses grupos podem lhe fornecer mais informações sobre tratamentos, inclusive abordagens psicológicas, que o ajudarão a pesar os prós e os contras e a decidir se deve usar alguma técnica.

PARTE 4

NUTRIENTES ANTICANCERÍGENOS

Derrubando os Mitos

19

O câncer é complexo. Na maioria das vezes é causado por vários fatores, inclusive exposição a carcinogênicos que provocam alterações celulares e prejudicam o funcionamento do sistema imunológico. Certamente essas circunstâncias desfavoráveis precisam estar presentes por várias décadas para alimentar o processo desde o início até o diagnóstico.

Já foi comprovado que podemos obter muito mais êxito na batalha contra o câncer se não tratarmos a doença de forma agressiva depois da sua instalação, mas sim reduzindo primeiro a exposição aos carcinogênicos e estimulando o sistema imunológico. Os próximos três capítulos explicam essas evidências e discorrem sobre a importância de aumentar a ingestão de nutrientes anticancerígenos, como vitamina C, beta-caroteno e outros. O consumo de alimentos ricos nesses nutrientes está associado à redução da incidência de câncer. As provas do seu papel fundamental já são substanciais; no entanto, estranhamente, a mídia se refere de forma negativa à suplementação desses nutrientes.

Os Mitos do Beta-caroteno

Mais de 200 estudos demonstram o papel benéfico do beta-caroteno na prevenção do câncer. Contudo, os relatos isolados que afirmam o contrário tendem a receber maior atenção da mídia. Foi o que ocorreu quando o *Daily Mail* publicou um artigo com a manchete "Alerta de Câncer na Vitamina Probe", relatando um aumento de 28 por cento nos casos de câncer de pulmão num grupo de fumantes que tomavam 30 mg de vitamina A e 25.000UI de beta-caroteno.[1] Confuso, não?

Talvez seja essa a intenção. Uma análise mais atenta dos números revela que essa "tendência" (estatisticamente inexpressiva) na realidade resumia-se à diferença entre cinco casos de câncer em 1.000 e seis em 1.000; essas pessoas fumavam havia anos e muito provavelmente tinham câncer antes do início da experiência, embora ainda não diagnosticado. Por trás dos números havia outro achado insignificante que não foi relatado. O número de casos de câncer de pulmão foi 20 por cento menor entre as pessoas que pararam de fumar durante a experiência e tomaram beta-caroteno. Será que isso significa que o beta-caroteno provoca câncer nos fumantes mas protege aqueles que abandonam o cigarro? Ou que os dois resultados representam, como afirmam as estatísticas, uma questão de acaso, uma variável sem importância, e que um pequeno comprimido de beta-caroteno sintético (que não possui todos os outros antioxidantes encontrados numa fonte natural de beta-caroteno) não consegue exercer um impacto numa vida inteira de vício? Talvez nunca saibamos: a um custo de 27 milhões de libras, a experiência foi abandonada.

Os Mitos da Vitamina C

Outro mito popular é que a vitamina C pode causar câncer. Isso jamais foi provado, mas seu efeito altamente protetor foi. Apresentada primeiramente como poderoso agente anticancerígeno em 1971, só 20 anos depois a vitamina C começou a ser aceita pelos médicos. Em 1992, a dra. Gladys Block, ex-membro do Instituto Nacional de Câncer dos Estados Unidos, escreveu:

> Revi a literatura epidemiológica, cerca de 140 estudos, sobre a relação entre os micronutrientes antioxidantes ou suas fontes nos alimentos e o risco de contrair câncer. Os dados são extremamente coerentes. Com um número de exceções provavelmente inferior a cinco, todos os estudos apontam para uma direção protetora, e cerca de 110 a 120 estudos encontraram uma redução estatisticamente expressiva com uma ingestão alta.

Uma alimentação rica em vitamina C reduz o risco de câncer, e uma ingestão alta — acima de 5.000 mg por dia (equivalente a 100 laranjas) — aumenta substancialmente a expectativa de vida dos pacientes de câncer.

Mesmo assim, um dos estudos mais citados é o da Universidade de Leicester, transformado em manchetes de jornais que alardeavam a propriedade cancerígena da vitamina C.[2] Esse estudo descobriu que um marcador aceito para *stress* oxidativo e dano ao DNA — o 8-oxoguanina — era reduzido com a suplementação de 500mg de vitamina C —, indicando um efeito protetor. Outro marcador menos aceito, o 8-oxadenina, aumentava. Com base neste último achado, os autores insinuaram que a vitamina C tinha um efeito potencialmente carcinogênico. Obviamente o resultado da pesquisa era ambíguo, pois a vitamina C era mostrada como benéfica e prejudicial ao DNA.

Segundo o dr. Balz Frei, especialista em vitamina C e diretor do Instituto Linus Pauling, os temores com relação à vitamina C são infundados, não apenas porque esses resultados contradizem os achados de outros grupos de pesquisa, mas também porque procedimentos inadequados durante a experiência poderiam muito bem ter causado o dano oxidativo no DNA, e a culpa ter sido atribuída indevidamente à vitamina C. "Francamente, eu me pergunto se esses dados seriam sustentados após uma análise mais acurada. O valor da vitamina C deve ser considerado em sua totalidade, e não apenas um único efeito biológico", afirma Frei.

Como todos os antioxidantes possuem potencial para se tornarem oxidantes, depois de utilizados, esse trabalho pode ressaltar a importância da sinergia dos nutrientes, já que a vitamina E, a glutationa e os flavonóides ajudam a prolongar o efeito antioxidante da vitamina C. Depois de centenas de estudos terem associado uma ingestão alta de vitaminas à redução do risco de câncer, não há motivos, com base nesse estudo que envolveu 30 pessoas, para duvidar de que o suplemento de vitamina C continua a ser seguro e eficaz na prevenção do câncer.

A moral dessas histórias é que é preciso analisar o quadro como um todo e pesar todas as evidências. Como o próximo capítulo mostra, já existem provas suficientes de que a ingestão de suplementos de nutrientes antioxidantes e uma alimentação rica em alimentos antioxidantes são essenciais tanto para prevenção do câncer como para apoio nutricional dos portadores dessa doença.

As Vitaminas e o Câncer

20

Estão ocorrendo grandes progressos nas abordagens nutricionais ao câncer. Com a descoberta de que as vitaminas A, C e E conseguem desarmar os oxidantes — os carcinogênicos predominantes —, esse passou a ser o principal objeto de pesquisas financiadas pelo governo, tanto para tratamento como para prevenção dessa doença. Até agora, os resultados têm sido muito animadores, embora estejamos apenas começando a compreender que o papel dos agentes anticancerígenos é mais importante do que simplesmente desarmar os carcinógenos.

A vitamina A, por exemplo, além de controlar o crescimento celular promove a comunicação entre as células. A vitamina C estimula a resposta do sistema imunológico de várias formas. A vitamina E protege as gorduras contra a oxidação e recicla a vitamina C. Esses nutrientes podem ser considerados como "adaptogênicos" (substâncias que ajudam nossa adaptação a um ambiente hostil) e estão amplamente disponíveis na natureza, o que indica uma evolução cooperativa entre o homem e o meio ambiente. Muitos dos carcinógenos existentes hoje em dia são fabricados pelo homem. Em outras palavras, não estamos respeitando o nosso relacionamento com o meio ambiente. O câncer pode ser visto como uma conseqüência de carcinogênicos demais e adaptogênicos de menos, levando a uma falha de comunicação. Se invertermos a equação, poderemos ter esperanças de evitar o câncer ou reverter o processo canceroso.

A Vitamina A e o Beta-caroteno

Tanto a vitamina A como o seu precursor, o beta-caroteno, possuem propriedades anticancerígenas. Foi constatado que os níveis de vitamina A e beta-caroteno nos portadores de câncer do pulmão são muito menores,[3] e que existe uma forte ligação entre o risco de contrair esse tipo de câncer e o *status* de vitamina A e beta-caroteno. As pessoas que fazem uma alimentação pobre em vitamina A correm um risco duas vezes maior de ter câncer de pulmão. Da mesma forma, uma maior ingestão de beta-caroteno proveniente de frutas e hortaliças cruas reduz o risco de câncer de pulmão de homens e mulheres fumantes[4] e não-fumantes,[5] bem como de câncer de estômago, cólon, próstata e colo de útero.[6]

As provas da existência de uma ligação entre o beta-caroteno e o câncer de mama são menos contundentes. Um estudo recente demonstrou que a ingestão de muitas verduras e legumes (que elevam os níveis de carotenóides no sangue, aumentam os níveis de fibra e reduzem a gordura da alimentação) realmente diminui o risco de recidiva de câncer de mama.[7] Em outro estudo, que acompanhou mais de 7.000 mulheres por um período de nove anos e meio, altos níveis de licopeno no sangue — um carotenóide particularmente abundante nos tomates — foi associado a uma redução do risco de contrair câncer de mama. Todavia, os pesquisadores não descobriram provas de proteção do beta-caroteno ou da vitamina A.[8]

Num estudo realizado com suplementação de beta-caroteno (30mg por dia), 71 por cento dos pacientes com pré-câncer na boca exibiram melhora (leucoplaquia), enquanto com a administração de 200.000UI de vitamina A por dia, 57 por cento dos pacientes apresentaram remissão completa.[9]

Existem pesquisas também sobre a "droga" ácido 13-*cis*-retinóico (isotretinoína) utilizada no tratamento de câncer e sobre todos os ácidos *trans*-retinóicos, convertidos pelo organismo a partir da vitamina A (o nome químico da vitamina A é retinol). O dr. Huang demonstrou que o ácido all-*trans*-retinóico promove a "remissão" total da leucemia mielóide aguda.[10] Os doutores Hong e Lippman mostraram que doses altas de ácido 13-*cis*-retinóico "suprimiam" de forma eficaz carcinomas de células escamosas da cabeça e do pescoço.[11] Os pesquisadores notaram que "um segundo tumor primário" representava a principal causa de malogro no tratamento e de morte dos pacientes" (com câncer na cabeça e no pescoço). Depois de tratarem 49 pacientes com ácido 13-*cis*-retinóico e 51 com placebo durante um ano, apenas quatro por cento dos pacientes do grupo tratado com ácido 13-*cis*-retinóico tiveram um segundo tumor primário, contra 24 por cento no grupo que recebeu placebo.

Esses estudos são importantes não apenas porque mostram o valor da vitamina A e de seus metabólitos na reversão do processo canceroso, mas também porque eles realmente analisam os metabólitos. Mesmo numa pessoa com nível de vitamina A normal no sangue, a ingestão de suplementos pode elevar os níveis de metabólitos que protegem contra o câncer. Esse é o fundamento que está por trás do uso de grandes doses de vitamina A como parte de uma alimentação anticancerígena.

Entretanto, a vitamina A e seus metabólitos não estão isentos de toxicidade. Foi comprovado que altas doses de vitamina A aumentam o risco de nascimento de animais com anomalias, e por essa razão não é bom tomar doses de suplemento superiores a 10.000UI (300mcg), se você estiver grávida ou pensando em engravidar. A mesma cautela, todavia, não se aplica ao beta-caroteno. Embora possa ser convertido em vitamina A, se os estoques dessa vitamina no organismo estiverem completos, o fígado faz uma conversão muito pequena. Portanto, há um mecanismo de defesa contra a ingestão excessiva. Como o beta-caroteno é antioxidante e agente anticancerígeno por sua própria natureza, sem dúvida alguma é muito bom ter uma boa quantidade dessa substância circulando no organismo.

A ingestão ideal de suplemento de vitamina A é de 5.000 a 10.000UI e de 15 a 25mg de beta-caroteno, além de uma alimentação rica em frutas, legumes e verduras. Quantidades superiores podem ser apropriadas para portadores de câncer, mas só devem ser tomadas com orientação e monitoramento de um médico.

A associação constante entre uma alimentação rica em beta-caroteno e vitamina A e níveis adequados dessas substâncias no sangue com baixo risco de contrair câncer constitui uma boa razão para consumir alimentos com alto teor desses nutrientes (ver abaixo) e completar com suplementos. Entretanto, para que o verdadeiro papel do beta-caroteno no tratamento de câncer seja identificado é preciso que sejam realizadas mais pesquisas.

Quais são os alimentos mais ricos em vitamina A e beta-caroteno?

Os alimentos estão relacionados de acordo com a maior quantidade de beta-caroteno ou vitamina A por caloria. Os números entre parênteses representam a quantidade de beta-caroteno ou vitamina A em 100g de alimento, que equivale aproximadamente a uma xícara ou porção.

Fígado de vaca	(35.778UI)	Brócolis	(1.541UI)
Fígado de vitela	(26.562UI)	Damasco (fresco)	(2.612UI)
Cenoura	(28.125UI)	Mamão	(2.014UI)
Agrião	(4.700UI)	Aspargos	(829UI)
Repolho	(3.000UI)	Damasco (seco)	(7.240UI)
Abobrinha	(7.000UI)	Pimentão	(530UI)
Batata-doce	(17.055UI)	Tangerina	(920UI)
Melão	(3.224UI)	Nectarina	(730UI)
Abóbora	(1.600UI)	Pêssego	(535UI)
Manga	(3.894UI)	Melancia	(365UI)
Tomate	(1.133UI)		

A Vitamina C

Em 1991, a dra. Gladys Block, ex-membro do Instituto Nacional do Câncer dos Estados Unidos, publicou uma revisão[12] de estudos que ligam a vitamina C com a prevenção de câncer. Ela conclui que:

> Cerca de 90 estudos epidemiológicos examinaram o papel da vitamina C ou dos alimentos ricos em vitamina C na prevenção do câncer, e a grande maioria encontrou efeitos protetores estatisticamente significativos. Existem fortes evidências dessa ação protetora para os cânceres de esôfago, cavidade oral, estômago, pâncreas, colo de útero, reto e mama. Foi descoberto recentemente que a vitamina C protege até mesmo contra o câncer de pulmão.

Assim como ocorre com o beta-caroteno, existem provas esmagadoras de que a ingestão de altas doses de vitamina C está associada a um menor risco de contrair câncer. Outra revisão de pesquisas sobre a vitamina C chegou a conclusões semelhantes: "A evidência epidemiológica de que a vitamina C fornece proteção para os cânceres que não estão relacionados com hormônios é muito forte. Dos 46 estudos que calcularam o índice de vitamina C na alimentação, 33 descobriram uma proteção estatisticamente significativa.

O primeiro estudo que empregou a administração de vitamina C a pacientes de câncer foi realizado na década de 70 pelo dr. Linus Pauling e pelo dr. Ewan Cameron, cancerologista que trabalhava na Escócia. Eles administraram 10g (10.000mg) de vitamina C diariamente a 100 pacientes terminais de câncer, e compararam os resultados com outros 1.000 pacientes que receberam terapia convencional. O índice de sobrevivência entre os que tomaram vitamina C foi cinco vezes mais alto, e até 1978, enquanto todos os 1.000 pacientes do "grupo de controle" tinham morrido, 13 pacientes que receberam vitamina C ainda estavam vivos, e 12 deles aparentemente não tinham mais câncer.[13] Estudos mais recentes confirmaram esses achados. Os drs. Murata e Morishige da Universidade de Saga, no Japão, demonstraram que o tempo de vida dos pacientes de câncer que tomam de 5 a 30g de vitamina C era seis vezes maior do que os que tomavam 4g ou menos, enquanto o tempo de vida dos pacientes que sofriam de câncer de útero era 15 vezes maior com terapia de vitamina C.[14] Esse estudo foi corroborado pelo dr. Abram Hoffer, no Canadá, que descobriu que os pacientes que tomavam doses altas de vitamina C tinham um período de sobrevivência 10 vezes maior.

Todavia, os achados de Pauling e Cameron foram desacreditados em grande parte devido a uma suposta "reprodução" dos seus estudos pela Clínica Mayo nos Estados Unidos.[15] Havia, entretanto, uma diferença importante entre o experimento original e o da Clínica Mayo. Os pacientes "terminais" no experimento original continuaram a tomar vitamina C todos os dias, ao passo que os da Clínica Mayo pararam de tomar em média após 75 dias. Porém, as pesquisas foram encerradas nesse ponto e as megadoses de vitamina C foram consideradas charlatanismo.

De todos os antioxidantes, a vitamina C é o mais extraordinário. Acredita-se que ajude a evitar e tratar o câncer das seguintes formas: tornando o sistema imunológico mais eficaz; estimulando a formação de colágeno para "isolar" os tumores; impedindo a metástase (disseminação); mantendo intacta a substância ao redor do tumor por meio da inibição de uma determinada enzima; evitando os vírus que podem causar câncer; corrigindo a deficiência de vitamina C amiúde constatada nos pacientes de câncer; acelerando a cicatrização nos pacientes de câncer após cirurgia; aumentando a eficácia de alguns fármacos quimioterápicos; reduzindo a toxicidade de algumas quimioterapias; impedindo os danos causados pelos radicais livres e neutralizando alguns carcinógenos.

Inúmeros estudos descobriram uma ligação entre ingestão de vitamina C e incidência de diversos tipos de câncer, sobretudo aqueles que não estão relacionados a hormônios.[16] A prova dos benefícios da vitamina são mais fortes para cânceres da boca, esôfago, estômago, pulmão, pâncreas e colo do útero. Embora uma análise de 12 estudos clínicos tenha descoberto que "a ingestão de vitamina C apresentou a associação inversa mais regular e estatisticamente significativa com risco de câncer de mama",[17] as provas de uma redução de risco associada para o câncer de mama não são tão contundentes. Um estudo envolvendo a participação de 34.000 mulheres que já tinham passado pela menopausa não encontrou associação entre a ingestão de vitaminas A, C e E com menor risco de desenvolver câncer de mama.[18]

O Fundo Internacional de Pesquisa do Câncer (WCRF), concluiu que não existem provas de uma relação entre a ingestão de vitamina C e o câncer de próstata, e que as provas dessa relação com o câncer de mama são insuficientes. Os estudos realizados até o momento apontam para a existência de uma grande diferença entre as causas e o tratamento de cânceres relacionados a hormônios e os cânceres de pulmão ou do trato digestivo. Estes últimos podem estar mais relacionados com os carginógenos oxidantes e ser evitados pelo aumento da ingestão de nutrientes antioxidantes.

De modo geral, os resultados das pesquisas realizadas até hoje ressaltam a importância de uma alimentação rica em vitamina C (ver abaixo). Embora a suplementação com 1 a 5g dessa vitamina possa evitar alguns tipos de câncer, a dosagem ideal para os pacientes cancerosos é de 10 gramas ou mais por dia. Esses níveis mais altos devem ser tomados com orientação de um médico.

Quais são os alimentos mais ricos em vitamina C?

Os alimentos estão relacionados de acordo com a maior quantidade de vitamina C por caloria. Os números entre parênteses representam a quantidade de vitamina C em 100g do alimento, o que equivale aproximadamente a uma xícara ou porção.

Pimentão	(100mg)	Mamão	(62mg)
Agrião	(60mg)	Ervilha	(25mg)
Repolho	(60mg)	Molão	(25mg)
Brócolis	(110mg)	Laranja	(50mg)
Couve-flor	(60mg)	*Grapefruit*	(40mg)
Morango	(60mg)	Lima	(29mg)
Limão	(80mg)	Tomate	(60mg)
Kiwi	(85mg)	Tangerina	(31mg)
Couve-de-bruxelas	(62mg)	Manga	(28mg)

Vitamina E

Enquanto a vitamina C é um antioxidante com base de água, que protege as partes aquosas do organismo, a vitamina E é um antioxidante com base de gordura e, portanto, protege as membranas das células e as gorduras estruturais. Um nível baixo de vitamina E no sangue aumenta de forma expressiva o risco de cânceres relacionados com o fumo e outros tipos, segundo um estudo realizado na Finlândia que acompanhou 21.172 homens por um período de 10 anos.[19] A grande proteção da vitamina E contra o câncer foi demonstrada numa análise de 59 estudos clínicos. Os pesquisadores descobriram que suplementos vitamínicos proporcionavam uma proteção "modesta", mas que os suplementos de vitamina E estavam associados de forma mais consistente com a redução do risco de câncer.[20]

A deficiência de vitamina E, contudo, está mais associada ao aumento da incidência de câncer de mama. Pesquisadores britânicos chefiados pelo dr. Wald, no Hospital São Bartolomeu, em 1984, descobriram que "mulheres com níveis mais baixos de vitamina E correm um risco maior de contrair câncer de mama".[21] Uma experiência mais recente, envolvendo 2.569 mulheres portadoras de câncer de mama, concluiu que: "Uma alimentação rica em diversos micronutrientes, principalmente beta-caroteno, vitamina E e cálcio, pode oferecer proteção contra câncer de mama."[22] Existem inúmeros exemplos extraídos de uma grande abundância de dados que ligam o câncer de mama a baixos níveis de vitamina E e a prevenção de câncer de mama à maior ingestão de vitamina E.

Embora fartas evidências apontem para o papel antioxidante que a vitamina E pode desempenhar na prevenção do câncer de mama, um estudo recente confirmou que os tocotrienóis — que pertencem à mesma "família" da vitamina E — proporcionam benefício semelhante. Foi comprovado que os tocotrienóis atuam em conjunto com essa vitamina, inibindo o crescimento das células cancerosas da mama. Eles foram encontrados em concentrações significativas de óleo de palma (azeite-de-dendê), extratos de cevada e óleo de arroz.[23]

Foi comprovado também que a suplementação de vitamina E ajuda a proteger contra câncer de próstata. Um estudo realizado na Finlândia, publicado no *Journal of the National Cancer Institute*, mostrou uma redução de 41 por cento no índice de mortes de câncer de próstata nos homens que tomavam suplementos de vitamina E. Os que tomaram 50mg de vitamina E diariamente por um período de cinco a oito anos tiveram um índice de câncer de próstata sintomático 32 por cento menor do que os que não tomaram suplementos. "Essa observação intrigante indica que a vitamina E tem o potencial de evitar um dos tumores mais malignos das populações norte-americana e européia", de acordo com o dr. Olli Heinonen, pesquisador da Universidade de Helsinque, que acredita que as propriedades antioxidantes da vitamina E podem ajudar a afastar o câncer da próstata, combatendo os oxidantes e fortalecendo o sistema imunológico.[24]

Outro estudo, que contou com a participação de 29.133 homens fumantes, descobriu que 32 por cento a menos dos que tomam suplemento de vitamina E desenvolveram câncer de próstata, e que o índice de mortalidade da doença caiu 41 por cento.[25]

A ingestão ideal de suplemento de vitamina E para prevenção de câncer é de 400 a 800UI (270 e 540mg) por dia, além de uma dieta rica em vitamina E (ver abaixo).

Quais os alimentos mais ricos em vitamina E?

Os alimentos estão relacionados de acordo com a maior quantidade de vitamina E por caloria. Os números entre parênteses representam a quantidade de vitamina E em 100g, o que equivale aproximadamente a uma xícara ou porção.

Óleo de semente prensado a frio	(83mg)	Salmão	(1,8mg)
Sementes de girassol	(52,6mg)	Batata-doce	(4,0mg)
Amendoim	(11,8mg)	Amêndoas	(24,5mg)
Sementes de gergelim	(22,7mg)	Nozes	(19,6mg)
Feijão	(7,7mg)	Noz-pecã	(19,8mg)
Ervilha	(2,3mg)	Caju	(10,9mg)
Gormo do trigo	(27,5mg)	Arroz integral	(2,0mg)
Atum	(6,3mg)	Lentilha	(1,3mg)
Sardinha	(2,0mg)		

Outras Vitaminas Anticancerígenas

Muitas outras vitaminas estimulam o sistema imunológico e ajudam sobremaneira a reduzir o risco de câncer. Das vitaminas B, a B_6, B_{12} e o ácido fólico são as mais importantes para o sistema de defesa. Um estudo recente mostrou que uma alimentação rica em ácido fólico estava associada com menor risco de recidiva de câncer de colo de útero.[26]

A vitamina D, há muito considerada importante apenas para a saúde dos ossos, também pode ajudar a reduzir o risco de cânceres de mama e colo de útero. Sabe-se há algum tempo que as mulheres que vivem em países mais ensolarados têm menos tendência de contrair a doença do que as mulheres que tomam pouco sol, mas descobriu-se agora que as que possuem níveis mais altos de vitamina D têm maior propensão a sobreviver se tomarem sol. A vitamina D é sintetizada por um processo que envolve a exposição da pele aos raios solares.

Essa teoria, proposta primeiramente pelo dr. Cedrick Garland, em 1980, levou à realização de uma pesquisa que revelou forte associação entre o risco de câncer de colo de útero e uma alimentação rica em vitamina D e cálcio.[27] Um estudo conduzido durante oito anos com a participação de 25.802 pessoas do Estado de Maryland, nos Estados Unidos, revelou que as que tinham níveis de vitamina D no sangue equivalente a 400UI (10mcg) ou mais corriam um risco 50 por cento menor de ter câncer de cólon do que as que tinham níveis mais baixos.[28] E os cientistas da Universidade de Manchester, Inglaterra, relataram recentemente que as mulheres com câncer de mama avançado sem metástase nos ossos apresentavam menor tendência a morrer da doença quando tinham altos níveis de vitamina D no sangue.[29] Uma possível explicação para o efeito da vitamina D na proteção contra ao câncer é a importância do cálcio para o funcionamento adequado do sistema imunológico. A vitamina D ajuda o organismo a usar o cálcio. De qualquer forma, a presença de ambos os nutrientes em quantidades ideais é sinônimo de menor risco de câncer de cólon e mama.

A Glutationa

A glutationa não é uma vitamina, mas merece atenção, pois talvez seja o mais importante antioxidante dentro das células, e mostrou que oferece uma grande proteção contra câncer. Essa substância é como uma proteína (composta por três aminoácidos), e além de por si só constituir um antioxidante, faz parte de importantes enzimas, como a glutationa peroxidase e a glutationa transferase, igualmente antioxidantes. Ela pode reciclar a vitamina C, multiplicando a sua capacidade de promover a saúde. Além disso, desempenha um papel importante na desintoxicação do organismo e nos protege contra os efeitos prejudiciais de carcinógenos, sobretudo oxidantes e radiações. A glutationa protege o DNA e o crescimento das células.[30] Em suma, ela se encaixa na descrição de um agente de proteção ao câncer polivalente. O nível de glutationa dos pacientes portadores de câncer é baixo.

Estudos recentes indicam que a glutationa pode ter um papel importante na prevenção e no tratamento de câncer, uma vez que ajuda a matar as células cancerosas ao melhorar a imunidade natural.[31] Geralmente é fabricada no organismo a partir do aminoácido cisteína, encontrado em inúmeros alimentos (especialmente no alho). A suplementação possui um efeito discreto, mas o problema é que a glutationa se sacrifica para proteger o organismo de oxidantes. Essa substância já está incluída em vários fármacos quimioterápicos.

A descoberta recente de que a glutationa era reciclada de forma eficaz pelas antocianidinas, encontradas nas uvas, frutas silvestres e beterraba, levou a uma nova abordagem anticancerígena que combina a glutationa com as antocianidinas, aumentando substancialmente o poder desse importante oxidante.[32] Estão sendo realizados experimentos em seres humanos com um suplemento chamado Recancostat Compositum, vendido na Alemanha, e os primeiros resultados são animadores. Um dos experimentos contou com a participação de 11 pessoas em estágio avançado de câncer colorretal, que haviam se submetido a dois tratamentos completos de quimioterapia e tinham poucas esperanças de vida.[33] Três morreram logo no início da experiência.

Dos oito restantes, quatro alcançaram melhoras notáveis. Todos continuam fazendo essa terapia importantíssima, o que comprova que não é tóxica.

Um suplemento chamado Rejuvan Forté vendido no Reino Unido — uma combinação de glutationa e antocianidina — é recomendado como parte de uma estratégia geral de estímulo ao sistema imunológico. A dose ideal desse suplemento é de três comprimidos por dia.

A Coenzima Q10 (Ubiquinona)

A coenzima Q10 (Co-Q) não está classificada como vitamina porque podemos fabricá-la no organismo. A Co-Q é um antioxidante essencial que ajuda a proteger as células de carcinógenos e a reciclar a vitamina E. Existem provas de que os portadores de câncer possuem níveis mais baixos de Co-Q[34] e que a necessidade dessa coenzima aumenta com essa doença. Por essa razão, os pesquisadores estão pensando em dar Co-Q extra para combater o câncer. Os primeiros casos relatados são de mulheres com câncer de mama que foram tratadas na Dinamarca. De 36 mulheres classificadas como "alto risco", uma vez que seus tumores haviam se disseminado, seis apresentaram "remissão parcial aparente" após suplemento de 90mg de Co-Q, juntamente com outros antioxidantes.[35] Outras três mulheres tratadas com 390mg de Co-Q também exibiram remissão aparente.[36] Esses resultados são animadores e salientam a grande importância da suplementação desse nutriente para assegurar os níveis ideais.

Sinergia — O Todo é Melhor do que a Soma das Partes

Nenhum desses nutrientes atua isoladamente no organismo, tampouco as pessoas possuem deficiência de apenas um deles. Por melhor que pareçam os resultados apresentados até agora, eles subestimam o poder de uma nutrição ideal na prevenção e na inversão do processo canceroso.

A vitamina C, que é hidrossolúvel, e a vitamina E, solúvel em gordura, são sinérgicas: juntas podem proteger os tecidos e os fluidos do organismo. Melhor ainda, depois que a vitamina E "desarma" um carcinógeno, ela pode ser "recarregada" pela vitamina C, de modo que a presença dessas duas vitaminas na alimentação e no organismo exerce um efeito sinérgico.

O mesmo ocorre com relação ao selênio e à vitamina E. Quando esses nutrientes são combinados, o nível de proteção ao câncer é multiplicado consideravelmente. Por exemplo, o dr. Jukka Salonen e alguns colegas da Universidade de Kuopio, na Finlândia, realizaram um estudo com 12.000 indivíduos ao longo de vários anos e descobriram que aqueles que se situavam nos terços superiores de vitamina E e selênio no sangue tinham 91 por cento a menos de risco de contrair câncer em comparação com aqueles que se situavam no terço inferior.[37] Com níveis altos desses dois nutrientes, eles corriam um décimo do risco dos que tinham níveis abaixo do ideal.

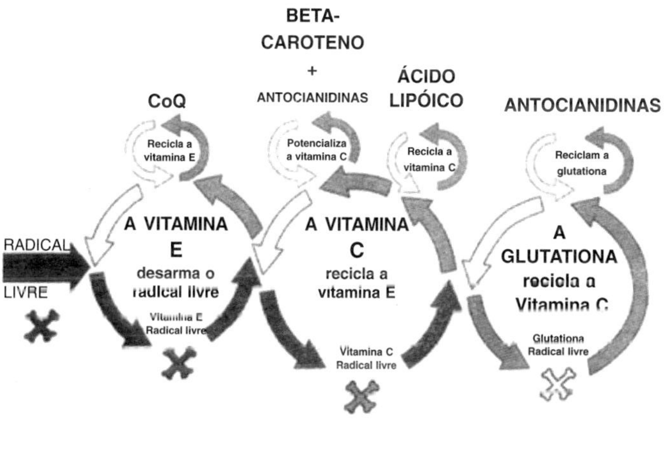

Figura 8 — Ação sinérgica dos nutrientes para desarmar os radicais livres

As vitaminas C e E também constituem uma poderosa combinação anticancerígena. Um estudo que acompanhou 11.000 pessoas por um período de dez anos, concluído em 1996, descobriu que aquelas que tomavam suplementos de vitamina C e vitamina E reduziam pela metade o risco de todos os tipos de câncer.

Outro estudo conduzido em Seattle, Estados Unidos, com mais 800 pessoas que tomaram um suplemento multivitamínico diariamente revelou uma redução pela metade dos riscos de desenvolver câncer de cólon. Os nutrientes associados à diminuição do risco foram as vitaminas A, C, E, ácido fólico e o mineral cálcio. A ligação mais forte foi a da vitamina E — as pessoas que tomaram suplementos de pelo menos 200UI de vitamina E por um período de dez anos corriam um risco 57 por cento menor de desenvolver câncer de cólon do que as que não tomaram nenhum suplemento.[39] Outro estudo envolvendo mais de 10.000 adultos ao longo de 19 anos mostrou que a ingestão de altas doses de vitamina E, C e carotenóides estava associada a uma redução de 68 por cento do risco de contrair câncer do pulmão.[40] Um estudo realizado com animais revelou que a combinação de beta-caroteno, vitamina E, vitamina C e glutationa fornece uma proteção muito maior contra o câncer do que qualquer um desses nutrientes sozinho.[41]

Os Suplementos e o Câncer

Juntos, esses estudos indicam de forma contundente que a ingestão de suplementos com quantidades significativas de vitamina A, betacaroteno, vitamina C e E, mais vitamina D e B, no mínimo diminui pela metade o risco de desenvolver câncer. O dr. Richard Passwater, primeiro a identificar a relação sinérgica ente as vitaminas C e E, passou os últimos 30 anos pesquisando nutrientes antioxidantes e câncer e acredita que a suplementação combinada com uma alimentação adequada poderia reduzir o risco de câncer para um quarto.

O quadro a seguir mostra os nutrientes considerados mais eficazes contra determinado tipo de câncer.

Quais são os melhores nutrientes contra os diversos tipos de câncer?

As pesquisas médicas mostraram que as vitaminas e os minerais antioxidantes relacionados abaixo são eficazes contra os tipos de câncer indicados.

Tipo	Vitamina A	Beta-caroteno	Vitamina C	Vitamina E	Selênio
Bexiga		★			★
Mama		★	★	★	★
Colo do útero	★		★	★	
Cólon	★	★	★		★
Cabeça e pescoço	★	★			
Relacionado com HIV			★		
Rim			★		
Leucemia			★		★
Fígado					★
Pulmão	★	★	★	★	★
Linfoma	★				
Esôfago			★		★
Boca	★	★	★		★
Pâncreas			★		
Próstata	★				★
Pele	★		★		
Estômago	★		★	★	★

Os Minerais e o Câncer

21

Assim como as vitaminas, os minerais também são essenciais para o sistema imunológico. Os principais minerais para um sistema de defesa saudável são o cálcio, o magnésio, o zinco e o selênio. Desses, o selênio se sobressai como o aliado mais importante na luta contra o câncer.

Sabe-se há muito tempo que o selênio protege contra essa doença. Inúmeros estudos ligaram uma alimentação pobre em selênio com aumento do risco de câncer. Por exemplo, num estudo conduzido com 4.480 homens nos Estados Unidos, os que no início se situavam no quinto nível mais baixo de selênio corriam o dobro do risco dos que se situavam no quinto mais alto.[42] Estudos realizados na China confirmaram o mesmo fenômeno — os que tinham níveis baixos de selênio no sangue (abaixo de 8mcg por dl) corriam um risco três vezes maior de ter câncer do que os que tinham níveis altos (acima de 11mcg por dl).[43]

Um estudo recente revelou que as pessoas que moravam em áreas com solo pobre em selênio e tomaram suplementos de 200mcg desse mineral durante quatro anos e meio reduziram seu risco de desenvolver câncer. Embora a suplementação aparentemente não reduzisse a incidência de câncer de pele, os cânceres totais, bem como de pulmão, colorretal e próstata sofreram redução significativa.[44] Poucas pessoas tomam até mesmo um quarto dessa quantidade (200mcg), e há provas de que tanto a ingestão por meio dos alimentos como os níveis de selênio no sangue estão caindo no mundo ocidental. Na Inglaterra, o Ministério da Agricultura, Pesca e Alimentação estima que a ingestão média atualmente seja de 35mcg por dia, comparado com 60mcg em 1975. Os baixos níveis de selênio atuais poderiam contribuir para a incidência de câncer, bem como para outros problemas de saúde, como a doença cardiovascular.[45]

O selênio, assim como outros nutrientes antioxidantes, desempenha um papel positivo em muitos estágios no processo canceroso. Ele impede que os genes sejam danificados, ajuda as células a usar o oxigênio de forma eficaz e torna mais lenta a divisão celular (acarretando um número menor de erros conforme as células são fabricadas). Esse mineral pode ajudar também a desintoxicar uma grande variedade de carcinógenos, melhorando a função hepática: o fígado é o principal órgão de desintoxicação do organismo.[46]

Suplementação de Selênio

Depois que estudos realizados com animais revelaram que o selênio protege contra vários tipos de câncer,[47] inúmeras experiências em seres humanos foram publicadas, salientando a importância desse mineral. Numa delas, o dr. Larry Clark e colegas da Universidade de Cornell deram 200mcg de selênio para um grupo de pessoas e, para outro, placebo. Esses estudiosos constataram uma redução significativa na incidência de câncer de pulmão, colorretal e próstata, e menor índice de mortalidade por câncer de pulmão no grupo que recebeu selênio.[48]

Estudos conduzidos na região de Quidong, na China, onde os índices de câncer de fígado figuravam entre os mais altos do mundo, descobriram uma forte ligação entre ingestão deficiente de selênio e risco de câncer. Outros fatores de risco são hepatite B, exposição à aflatoxina, substância cancerígena encontrada nos alimentos, e predisposição genética. Os cientistas, então, começaram um estudo em grande escala sobre o selênio, em que os 20.000 habitantes de uma cidadezinha receberam suplemento de selênio acrescentado ao sal. Nos anos seguintes, houve uma queda expressiva na incidência de hepatite B e câncer de fígado.[49]

Está em curso atualmente uma experiência que conta com a participação de sete países e um orçamento de 30 milhões de dólares, para pesquisar o efeito do selênio sobre o câncer. Reino Unido, Finlândia, Noruega, Suécia, Dinamarca, Holanda e Estados Unidos estão recrutando, cada um, 7.500 indivíduos para receber quantidades de selênio ou placebo por um período de seis anos.

Com a ingestão média de selênio quase sempre abaixo de 50mcg, sendo que os níveis ideais são quatro vezes superiores, a maior parte dos oncologistas recomenda uma suplementação de 100 a 200mcg selênio (como selenometionina ou selenocisteína) e uma alimentação rica em minerais. Via de regra, os alimentos ricos em selênio são frutos do mar, alimentos integrais, castanhas e sementes (principalmente castanha-do-pará e gergelim). Na prática (com exceção dos frutos do mar), o nível de selênio dos alimentos reflete o nível de selênio do solo em que são cultivados. É bem provável que o cultivo intensivo contínuo esgote o selênio do solo e, por conseguinte, das plantas.

Outros Minerais

Assim como as vitaminas, os minerais atuam em sinergia, e a melhor estratégia de prevenção da doença consiste numa boa ingestão de minerais. Além do selênio, o zinco, o cálcio e o magnésio são especialmente importantes para a função imunológica.

O cálcio, sobretudo em conjunto com outros micronutrientes, também foi associado com redução do risco de câncer, principalmente de mama e cólon.[50] Um estudo realizado ao longo de 15 anos na Suécia descobriu que uma ingestão de altas doses de cálcio reduzia o risco de câncer de cólon.[51] Em animais, uma boa ingestão de cálcio e vitamina D reduz de forma expressiva o risco de câncer de mama.[52] Sabe-se que a vitamina D ajuda o organismo a usar o cálcio, nutriente vital para um sistema imunológico sadio.[53]

Foi constatado que o nível de zinco dos portadores de câncer de próstata é significativamente abaixo do normal.[53] Além disso, o elemento tóxico cádmio, conhecido antagonista do zinco, pode estimular o crescimento de tecido na próstata e, por esse motivo, é considerado carcinogênico. O cádmio é encontrado em cigarros, fumaça de fábricas e de escapamentos, canos galvanizados e — dependendo do encanamento — nos reservatórios de algumas casas. A melhor maneira de se proteger contra o cádmio é se abster de fumar e ingerir uma boa quantidade de zinco. Nenhum estudo até o presente momento analisou o papel terapêutico do zinco no tratamento de câncer. A ingestão ideal desse mineral é de 15 a 20mg por dia, o que representa duas ou três vezes a média de ingestão diária. Sementes, castanhas e alimentos integrais (que contêm sementes), ervilhas, favas, lentilhas e feijões são ricos em zinco.

22 Ervas e Remédios Naturais que Ajudam a Combater o Câncer

Inúmeras plantas e extratos de planta possuem a propriedade de estimular o sistema imunológico, e foi comprovado que exercem influência em diferentes estágios do processo canceroso. Entre elas estão a aloe vera, a unha-de-gato, a equinácea, a língua-de-vaca, o alho, vários cogumelos e inúmeras fontes naturais de antioxidantes, incluindo extratos de frutas silvestres, a silimarina do cardo-mariano e o picogenol da casca do pinheiro. Essa é uma lista abrangente. Todavia, cada uma dessas plantas e extratos demonstraram aumentar as chances contra o câncer ou estimular de forma expressiva o sistema imunológico. Ao contrário das vitaminas e minerais, elas não são classificadas como "nutrientes essenciais". Mesmo assim, podem desempenhar um papel importante na ampla estratégia de combate ao câncer, que visa dar apoio ao sistema de defesa do organismo.

Essiac

Um remédio fitoterápico popular é o Essiac — uma mistura fitoterápica baseada numa receita da tribo Ojibwa, do Canadá, e desenvolvido por uma enfermeira, Rene Caisse, em 1920. Na verdade, ela administrava o Essiac à mãe de 72 anos que havia sido diagnosticada como portadora de câncer de fígado inoperável. A mãe morreu pouco depois de completar 90 anos, "de coração cansado", sem dor. Essa foi uma história tumultuada, em face da grande oposição por parte da classe médica.

O Essiac é composto por quatro ervas — língua-de-vaca (*Rumex acetosa*), bardana (*Arctium lappa*), ruibarbo indiano (*Rheum palmatum*) e ulmeiro (*Ulmus fulva*). Num estudo, a língua-de-vaca exibiu forte atividade anticancerígena e capacidade de estimular o sistema imunológico.[54] Ela contém também várias vitaminas e minerais. A bardana reduz a mutação celular[55] e contém inulina, poderoso estimulante imunológico. O ruibarbo indiano também estimula o sistema imunológico; ele ajuda a limpar o fígado de detritos tóxicos e melhora o suprimento de oxigênio dos tecidos. O ulmeiro é rico em muitas vitaminas e minerais e ajuda a dar apoio às membranas das mucosas. O Essiac é misturado e bebido na forma líquida — inicialmente 60 ml duas vezes ao dia.

Unha-de-Gato (*Uncaria Tomentosa*)

A unha-de-gato é uma trepadeira que consegue subir mais de 30 metros nas árvores na tentativa de alcançar a luz nas florestas tropicais peruanas — seu espinho é afiado como a unha de um gato. Os índios nativos há muito tempo utilizam sua casca para tratar câncer.

Embora as pesquisas ainda estejam nos estágios iniciais, os resultados obtidos até agora são tão animadores que a planta passou a ser uma espécie em extinção, e em 1989, o governo peruano proibiu a colheita e o uso da raiz de duas espécies principais (*U. tomentosa* e *U. guianensis*). Entretanto, parece que a casca também contém a maioria das propriedades medicinais.

Os componentes da unha-de-gato aumentam a capacidade que as células brancas do sangue têm de realizar fagocitose (ou seja, engolfar, digerir e destruir as células que estão se comportando mal). Ela contém também outras substâncias químicas que reduzem o processo inflamatório. Trata-se de uma superplanta que, além de fortificar o sistema imunológico, apresenta propriedades antioxidantes, antiinflamatórias, anticancerígenas e antimicrobianas. Pesquisadores austríacos também identificaram extratos que estão usando no tratamento de câncer e infecções virais.[56] Um dos problemas encontrados por eles é o fato de que a quantidade dessas substâncias químicas terapêuticas varia de amostra para amostra, o que dificulta o cálculo da dosagem. Não se sabe se isso se deve ao local onde ela cresce, à estação do ano ou à variedade da espécie.

A unha-de-gato é vendida em cápsulas, com 2g representando uma boa dose diária, ou em chá (a granel ou em saquinhos). Uma dose de 2g equivale a cerca de duas xícaras por dia. Para tirar o melhor proveito do chá a granel e tornar seu gosto mais agradável é melhor fervê-lo por cinco minutos e adicionar um pouco de groselha e suco de maçã concentrado.

Equinácea

Essa raiz de *Echinacea purpurea* provavelmente é a erva mais amplamente utilizada para estimular o sistema imunológico. Ela possui propriedades semelhantes às do interferon e contém tipos de polissacarídeos especiais, como a inulina, que aumentam a produção de macrófagos. Em experiências realizadas em tubo de ensaio, essas substâncias exibiram capacidade de destruir as células cancerosas. Um estudo realizado com um grupo de homens saudáveis constatou que a ingestão de 30 gotas de extrato de equinácea três vezes ao dia, durante cinco dias, dobrava o poder "fagocítico" das células brancas no sangue.[57] Não se sabe ainda se a capacidade de estimular o sistema imunológico é mantida por um longo período. Alguns pesquisadores recomendam seu uso apenas quando a saúde está realmente ameaçada.

A equinácea pode ser consumida na forma de cápsulas contendo a erva em pó (2.000mg por dia) ou de extrato concentrado, geralmente 20 gotas três vezes ao dia.

Aloe Vera

Outra fonte de polissacarídeos especiais é a aloe vera. Embora contenha inúmeras substâncias benéficas, incluindo vitaminas, minerais, aminoácidos, gorduras essenciais e enzimas, provavelmente a substância mais potente da sua composição é o acemannan. Foi comprovado que esse extrato reforça o sistema de defesa, aumentando o número de células T e macrófagos e melhorando sua função.[58] A aloe vera geralmente é tomada como suco concentrado. Verifique a potência cuidadosamente — existe uma grande variação. Verifique a quantidade de MPS (mucopolissacarídeos) — empresas conceituadas fornecem essa informação.

Cogumelos que Curam

Certos tipos de cogumelos vêm sendo utilizados há anos na China e no Japão, por sua capacidade de estimular o sistema imunológico. Os mais populares são ganoderma (reishi), shiitake e maitake.

Os cogumelos shiitake contêm outro polissacarídeo especial chamado lentinana, que também estimula a função imunológica. Os extratos do maitake apresentaram resultados animadores no tratamento de câncer. Pesquisadores japoneses descobriram que esse cogumelo contribuiu para a regressão do tumor de dois terços dos pacientes com câncer de mama, pulmão e fígado. Descobriram também que quando era ingerido concomitantemente com o tratamento de quimioterapia, os índices de resposta subiram de 12 para 28 por cento. Nesse estudo, o maitake não se mostrou tão eficaz contra o câncer ósseo, de estômago e leucemia.[59] A capacidade que o cogumelo reishi (*Ganoderma lucidum*) tem de estimular o sistema imunológico está ficando cada vez mais evidente. Um estudo realizado em Taiwan mostrou que o extrato desse cogumelo tem propriedade anticancerígena[60] e outro demonstrou seus efeitos antioxidantes.[61]

Todos esses cogumelos estão à venda em pó, e sua dose terapêutica é de 500mg três vezes ao dia. Muitos fazem parte da composição de remédios naturais destinados a manter uma boa imunidade. Entretanto, os cogumelos shiitake atualmente são vendidos frescos nos melhores supermercados e secos na maioria das lojas de produtos naturais. São deliciosos, e quando consumidos regularmente fortificam o sistema de defesa do organismo.

Outra erva interessante, usada muitas vezes em conjunto com esses cogumelos anticancerígenos na China, é o astrágalo. O astrágalo aumenta o número de células T, melhora sua função e protege o sistema imunológico de radiação e de substâncias químicas, inclusive a quimioterapia.[62]

Alho

O alho é especialmente rico em aminoácidos que contêm enxofre, glutationa e cisteína, poderosos antioxidantes. Além de proteger contra a formação de tumores, inclusive metástase, também inibe o crescimento de tumores existentes, fortalecendo o sistema imunológico e desintoxicando o fígado. Um estudo realizado pelo Instituto Nacional do Câncer da China, em 1989, descobriu que as províncias que tinham o costume de usar alho generosamente apresentavam os índices mais baixos de câncer de estômago.[63] Os resultados de um amplo estudo envolvendo 41.837 mulheres com idades entre 55 e 69 anos em Iowa, Estados Unidos, indicou que o alho era o tipo de vegetal que mais oferecia proteção conta câncer de cólon. As mulheres que comiam alho pelo menos uma vez por semana tinham 50 por cento a menos de probabilidade de contrair câncer do que as outras.[64] A ingestão de um a três dentes por dia, ou o equivalente em cápsulas, fornece um bom apoio ao sistema imunológico e ajuda a proteger contra o câncer.

Plantas Antioxidantes

Existem literalmente centenas de antioxidantes nas plantas, o que, sem sombra de dúvida, explica por que uma alimentação rica em frutas e hortaliças está tão estreitamente ligada a uma redução expressiva do risco de câncer. Muitas são responsáveis pelas cores das plantas, como roxo, vermelho, laranja, amarelo e verde. Entre essas, as antocianidinas e as proantocianidinas são encontradas em várias frutas de cor vermelha/azul, incluindo frutas silvestres e uvas, bem como beterraba. Essas substâncias são especialmente relevantes porque podem potencializar o efeito da glutationa, importante antioxidante celular (ver página 145). Ingeridas com glutationa, podem fornecer uma grande proteção contra o câncer.

O extrato de semente de uva é riquíssimo em antioxidantes comprovadamente anticancerígenos. Num estudo, constatou-se que um determinado extrato inibia em 50 por cento a principal enzima envolvida na divisão celular. As células cancerosas se disseminam, dividindo-se rapidamente.[65] Em estudo realizado com animais, as antocianidinas suprimiram o crescimento de tumores.[66]

Os carotenóides, como o beta-caroteno das cenouras e o licopeno dos tomates, também são poderosos agentes antioxidantes e anticancerígenos. Outro antioxidante que apresenta propriedades anticancerígenas é a silimarina. Um estudo demonstrou que a silimarina, presente na composição química da planta cardo-mariano, pode proteger contra algumas formas de câncer em camundongos.[67] Numa experiência em tubo de ensaio sobre células cancerosas da mama em seres humanos, a silimarina inibiu o crescimento celular.[68] São importantes também os flavonóides, como os encontrados nas frutas cítricas, o picnogenol da casca do pinheiro e a quercetina da *cranberry*. A cúrcuma, principal componente do *curry*, é um poderoso agente antioxidante e antiinflamatório, que revelou notáveis propriedades anticancerígenas em experiências realizadas em laboratório. Foi comprovado que a cúrcuma protege contra todos os estágios do desenvolvimento do câncer — no início, na promoção e na evolução.[69] Além disso, desarma um grande número de carcinógenos. Seu ingrediente ativo é a curcumina, e à medida que as pesquisas avançam fica mais claro que a curcumina será vista como importante agente anticancerígeno natural.

Podemos ingerir quantidades significativas desses antioxidantes presentes nas plantas simplesmente por meio de uma alimentação rica em frutas, legumes e verduras, sobretudo comendo algo de cor laranja ou vermelha todos os dias, como cenouras e tomates, e algo vermelho ou azul, como as frutas silvestres. Muitos desses fitonutrientes são encontrados em suplementos antioxidantes e nas fórmulas elaboradas para fortalecer o sistema imunológico.

Cartilagem de Tubarão

Uma vez formada, a massa cancerosa desenvolve seus próprios suprimentos de sangue e sistema de defesa. Esse processo é chamado de angiogênese. Dessa forma, fica cada vez mais difícil para o sistema imunológico combater o tumor, que passa a ter vida própria. Uma estratégia, conhecida como antiangiogênese, consiste em cortar o suprimento de sangue do tumor para que ele morra por falta de alimento. Em 1976, o dr. Robert Langer, do Instituto de Tecnologia de Massachusetts (MIT), descobriu um inibidor de novos vasos sangüíneos nos tumores — a cartilagem de tubarão. Como a cartilagem não tem irrigação sangüínea, faz sentido que contenha esse inibidor. Embora vários tipos de cartilagem tenham revelado propriedades anticancerígenas, a cartilagem de tubarão provou ser a mais eficaz. Isso pode explicar por que a incidência de câncer em tubarões, que não possuem ossos, é inferior a um por cento em comparação com os outros peixes.

Ao contrário das estratégias nutricionais, que foram amplamente testadas na prevenção de câncer, a cartilagem de tubarão foi testada em casos de câncer avançado para induzir a remissão da doença. O pioneiro na sua pesquisa é o dr. William Lane, autor de *Sharks Don't Get Cancer* (ver Leituras Recomendadas). Até o momento foram realizadas poucas experiências, mas animadoras. Em oito casos de câncer de mama com tumores do tamanho de bolas de golfe, todas as mulheres literalmente se livraram do tumor depois de tomar cartilagem de tubarão durante onze semanas. Em outro estudo, conduzido por um médico de Nova Jersey, 76 pacientes de câncer reagiram bem à cartilagem de tubarão. Um extrato líquido de cartilagem de tubarão, comercializado como o fármaco Neovastat, está entrando nos estágios finais de experiências clínicas. Muitos estudos estão em curso, e os resultados são ansiosamente aguardados.

A cartilagem de tubarão é utilizada no tratamento de câncer, e não na prevenção, e para maior eficácia deve ser ingerida em doses de 60g por dia no caso de tumores sólidos.

Laetrila

A laetrila, um extrato do caroço de damasco, muitas vezes é utilizado em estratégias agressivas contra o câncer. Essa substância tem uma ação mais semelhante à da quimioterapia e parece atingir apenas as células cancerosas. Quando a laetrila é degradada pelo organismo, um dos seus componentes é o cianeto. As células normais, não-cancerosas, contêm uma enzima que converte o cianeto em tiocianato, substância atóxica usada pelo organismo para fabricar a vitamina B_{12} (cianocobalamina). As células cancerosas não contêm essa enzima e são intoxicadas. Outro produto da degradação da laetrila — o ácido benzóico — age como analgésico natural.

A Associação Médica da Califórnia criticou seu valor como substância anticancerígena, embora o relatório dissesse que "todos os médicos cujos pacientes foram analisados falaram sobre uma maior sensação de bem-estar, aumento de apetite, ganho de peso e redução de dor". A laetrila continua a ser utilizada, com sucesso, como parte de vários programas naturais anticancerígenos. Assim como a cartilagem de tubarão, não faz parte de uma estratégia de prevenção.

Dietas Anticancerígenas

Várias estratégias de dietas anticancerígenas foram relatadas ao longo dos anos, e muitas delas aplicavam os princípios alimentares deste livro, cada uma com suas combinações de terapias complementares. A mais famosa é a dieta de Gerson, baseada no trabalho do dr. Max Gerson, que tratou centenas de supostos casos terminais com um índice de recuperação de 50 por cento. Sua dieta incluía enzimas pancreáticas, injeções de vitamina B_{12} e um regime alimentar, além de enemas destinados a desintoxicar o fígado.

O dr. W. D. Kelly, médico norte-americano, curou seu próprio câncer depois de ter recebido o prognóstico de um mês de vida. Depois disso, ele se especializou no tratamento de pacientes cancerosos. Assim como Gerson, seu tratamento também utilizava suplementos de enzimas pancreáticas e enfatizava a desintoxicação do organismo.

O dr. Hanz Neiper, oncologista alemão, também relatou sucesso no tratamento de doentes terminais com doses de enzimas como bromelina. Ele partiu do princípio de que essa rica fonte de enzimas capazes de digerir proteínas pode ajudar a enfraquecer a massa cancerosa. Um estudo francês, envolvendo 12 pacientes com câncer, mostrou resultados expressivos com 600ml de bromelina por dia.[70]

A dra. Johanna Budwig salientou a importância do óleo de semente de linho, enquanto o dr. A. Ferenczi, da Hungria, recomendava um quilo de beterraba todos os dias, fonte riquíssima de antocianidinas.

Na Inglaterra, o Centro de Câncer de Bristol realizou uma abordagem holística pioneira, incorporando uma gama de estratégias que incluía apoio psicológico. Existem também várias clínicas no México com restrições menos rigorosas ao tratamento de câncer do que nos Estados Unidos. Muitos defendem doses bem grandes de vitaminas, especialmente de vitamina C, e muitas vezes usam laetrila. Outros usam sulfato de hidrazina, uma enzima do fígado que conserva a energia do paciente, convertendo o ácido lático produzido por um tumor novamente em glicose (geralmente essa é uma reação que consome muito mais energia do paciente do que ele é capaz de gerar). Outros, ainda, usam "oxigenoterapia" — formas diferentes de ajudar a oxigenar os tecidos do organismo.

Descrições detalhadas ou julgamentos sobre essas diversas abordagens extrapolam o escopo deste livro. A maioria delas não foi comprovada por extensas experiências médicas, apesar de muitas revelarem resultados empíricos animadores. Todas enfocam a desintoxicação do organismo e a promoção da capacidade de combater o câncer. Para as pessoas com tipos de câncer particularmente malignos, para os quais o tratamento convencional provou ser ineficaz, elas certamente representam uma abordagem alternativa que merece uma reflexão, com a orientação de um médico.

PARTE 5

Como Evitar o Câncer

A Alimentação Ideal

23

Com base em todas as evidências apresentadas neste livro, agora você sabe o que precisa comer e beber (ou não) para minimizar o risco de contrair câncer. Este capítulo explica isso detalhadamente de duas maneiras. Em primeiro lugar, fornece uma lista de alimentos e bebidas cujo consumo você deve aumentar ou reduzir, dando-lhe metas ideais para tentar alcançar. Em segundo, apresenta sugestões práticas sobre os alimentos que devem ser ingeridos.

Essas sugestões podem ajudá-lo a prevenir e reverter o processo canceroso. Dependendo dos seus hábitos alimentares atuais e do seu paladar, no início talvez você tenha dificuldade de fazer essas alterações. Mas uma vez que tome a iniciativa de dar passos realistas em direção ao seu objetivo, começará a fazer progressos.

No final do capítulo, há um cardápio que incorpora todos os alimentos benéficos, para mostrar como você pode comer com prazer *e* fazer uma alimentação saudável.

Você pode criar muitos, muitos pratos diferentes, utilizando alimentos que reduzem o seu risco. De todos os princípios que discutimos, provavelmente os mais importantes são: comer pelo menos cinco porções de frutas, legumes e verduras por dia (se possível orgânicos), reduzir a quantidade de carne (substituindo por peixe ou produtos de soja), reduzir a ingestão de álcool e evitar frituras. Você pode fazer um refogado, acrescentando um molho ralo a uma panela cheia, digamos de hortaliças e tofu, e fechando bem a panela.

Alimentação Anticancerígena

Alimentos e bebidas que devem ser reduzidos

- Evite ou pelo menos reduza a ingestão de carnes vermelhas a 80g por dia no máximo.
- Evite carne tostada, ou coma apenas de vez em quando — quer seja grelhada ou frita.
- Diminua a quantidade de fritura. Cozinhe, refogue, escalfe ou asse os alimentos.
- Limite o consumo de laticínios, preferindo orgânicos sempre que possível.
- Não beba álcool e, se o fizer, limite-se a dois drinques por dia. O ideal é beber no máximo de três a quatro drinques por semana, de preferência vinho tinto.

Alimentos e bebidas cujo consumo deve ser aumentado

- Quando comer carne, prefira carne orgânica com pouca gordura, caça ou aves.
- Coma peixe, como arenque, cavalinha, salmão ou atum, em vez de carne vermelha.
- Coma muitas frutas e hortaliças — pelo menos cinco porções por dia (orgânicas, sempre que possível).

- Inclua frutas e vegetais de várias "cores". Por exemplo, coma algo laranja todo dia (como cenoura, batata-doce, tomate, pêssego ou melão) e algo vermelho/roxo (como uva, amora, acerola, cereja, morango, framboesa, beterraba).
- Coma uma porção de vegetal crucífero todo dia, como brócolis, couve-de-bruxelas, repolho, couve-flor e couve).
- Coma um ou dois dentes de alho todos os dias. Coma cogumelo shiitake e utilize cúrcuma para temperar os pratos. Todos eles contêm agentes anticancerígenos.
- Tome leite de soja ou coma tofu em dias alternados.
- Acrescente sementes de linhaça ao café da manhã e use óleo de linhaça no molho da salada. Evite óleos vegetais refinados — use somente óleos prensados a frio.
- Coma alimentos integrais, como grãos integrais, lentilhas, feijão, castanhas, sementes e hortaliças, que contêm fibra. Algumas dessas fibras são destruídas pelo cozimento, portanto é bom comer algo cru todos os dias.
- Beba chá verde e de ervas "vermelhas" ricos em antioxidantes, ou chá comum no lugar de café. Entretanto, para a saúde de modo geral, não exagere na quantidade de nenhum dos dois.
- Em vez de chá comum ou café, beba seis copos de água, suco diluído ou chás de ervas e frutas todos os dias. Uma excelente opção é chá de unha-de-gato adoçado com groselha e suco concentrado de maçã.

Cardápio Típico Anticancerígeno

CAFÉ DA MANHÃ

Frutas silvestres revigorantes
Uma deliciosa mistura de iogurte,
frutas silvestres, germe de trigo e sementes

ou

Musli de aveia com frutas silvestres
Um café da manhã nutritivo e saudável,
com aveia, frutas silvestres, iogurte e outros ingredientes

ou

Superaveia
Substancial e saborosa — aveia com frutas e sementes

LANCHE MATINAL
Uma fruta

ALMOÇO
Sopa quente de inverno
Sopa de legumes e verduras em pedaços

ou

Sopa de cenoura crua
Cenouras e outros ingredientes misturados crus
e cozidos levemente antes de servir

ou

Salada de raízes arco-íris
Uma mistura coloridíssima de cenoura, repolho, aipo
e beterraba em molho vinagrete

ou

Sopa revigorante
Legumes, verduras e tofu, temperados e misturados frios,
e aquecidos na hora de servir

ou

Sopa de cenoura e batata-doce
Temperada com uma pitada de coco — deliciosa

LANCHE DA TARDE
Proteção de melancia ou coquetel de suco de frutas silvestres
Excelente, saborosíssimo

JANTAR

Massa (de trigo-sarraceno) ao estilo tailandês com cogumelos shiitake

Cogumelos shiitake e tofu refogados em temperos, servidos com talharim nutritivo

ou

Salmão com purê de batata-doce e couve-de-bruxelas com molho de homus e cogumelos

Dispensa comentários — um prato requintado

ou

Peixe ensopado com alcachofras e cogumelos silvestres (cogumelos *oyster*)

Um cozido delicioso e encorpado. Divino!

Receitas

CAFÉ DA MANHÃ

Frutas silvestres revigorantes

Porção individual

150g de iogurte natural desnatado
100g de frutas silvestres (morangos, framboesas, groselhas)
1 colher de sopa de germe de trigo
1 colher de sopa de sementes (gergelim, abóbora, linhaça, girassol)
Misture todos os ingredientes e sirva.

Musli de aveia com frutas silvestres

Porção para quatro pessoas

4 colheres de sopa de aveia em flocos
1 colher de sopa de germe e farelo de trigo
100 ml de leite de soja morno

150 g de iogurte natural
2 colheres de sopa de mel
2 colheres de suco de limão
1 maçã vermelha e 1 verde, lavadas, sem sementes e raladas, mas com casca
4 colheres de sopa de avelãs picadas
2 colheres de sopa de frutas silvestres
4 raminhos de hortelã
Deixe a aveia, o germe e o farelo de trigo de molho no leite por pelo menos duas horas.

Antes de servir, acrescente o iogurte, o mel e o suco de limão e, por fim, junte as avelãs picadas e as frutas. Guarneça cada porção com um raminho de hortelã e algumas frutas silvestres inteiras.

Superaveia

Porção individual

25g de aveia em flocos
1 colher de sopa de germe de trigo
100 ml de leite de soja, arroz ou aveia
1 colher de sopa de sementes variadas (gergelim, abóbora, linhaça, girassol)
1 banana fatiada
1 maçã, lavada e picada
Misture a aveia em flocos, o germe de trigo e o leite. Acrescente as sementes, a banana e a maçã e sirva.

ALMOÇO

Sopa quente de inverno

Aqui está uma refeição saborosa e fácil de preparar.

Porção para quatro pessoas

1 colher de sopa de azeite de oliva
1 cebola média picada
2 dentes de alho esmagados
700 g de legumes e verduras da estação picados (ex.: batata, nabo, alho-porró, cenoura, brócolis, repolho)
1 lata de 400 g de tomates em pedaços
1 colher de sopa de caldo de legumes concentrado
Aqueça o azeite e refogue a cebola e o alho. Junte os legumes e verduras e o caldo de legumes e cubra com água. Deixe no fogo baixo até que os legumes estejam cozidos.

A sopa pode ser servida em pedaços ou batida no liqüidificador. Use menos batatas se não quiser uma sopa muito grossa. Para variar, acrescente lentilhas. Para preparar um ensopado, use uma quantidade menor de água e não bata no liqüidificador.

Sopa de cenoura crua

Você já tomou uma sopa quente e crua? Essa sopa é preparada fria e depois levemente aquecida, o que conserva as vitaminas e os minerais intactos. Além disso, tem bastante fibras. Não aqueça demais.

Porção para quatro pessoas

450 g de cenouras orgânicas lavadas e cortadas em cubos
75 g de amêndoas moídas
300 ml de leite de soja
1 colher de sopa de caldo de legumes concentrado
1 colher de sopa de ervas aromáticas desidratadas
Bata as cenouras no processador de alimentos. Acrescente os ingredientes restantes até que eles se incorporem. Aqueça levemente numa panela.

Salada de raízes arco-íris

Essa combinação colorida de cenoura, repolho, nabo e beterraba é mais substancial do que você pode imaginar. Não exagere na beterraba e no nabo, pois seu sabor pode sobrepujar o da cenoura.

Porção para quatro pessoas

3 cenouras orgânicas médias lavadas e raladas
1/5 repolho vermelho lavado e ralado
1 nabo orgânico pequeno lavado e ralado
1 beterraba descascada e ralada
2 colheres de sopa de Azeite Extra-Virgem.
1 colher de sopa de mostarda Dijon
2 dentes de alho amassados
Suco de limão
Salsa picadinha
Junte todos os vegetais numa saladeira grande. Numa molheira, misture o óleo, a mostarda, o alho e suco de limão a gosto. Regue os vegetais e misture. Salpique com a salsa picadinha.

Sopa Revigorante

Essa sopa também é preparada crua e aquecida antes de servir. Você pode aproveitar o mesmo princípio e inventar outras sopas rápidas e revigorantes.

Porção individual

2 cenouras orgânicas lavadas e cortadas em pedaços
3 ramos de brócolis lavados e separados em galhinhos menores
1 porção de agrião lavado
75 g de tofu
100 ml de leite de soja
2 colheres de sopa de caldo de legumes concentrado
Extrato de tomate, temperos *ou* ervas aromáticas a gosto

Passe todos os ingredientes pelo processador. Sirva quente ou fria, com bolinhos de aveia.

Sopa de cenoura e batata-doce

As batatas-doces são ricas em carotenóides e vitamina E. Essa sopa simples é deliciosa e rápida de preparar.

Porção para duas pessoas

4 batatas-doces médias descascadas e cortadas em pedaços pequenos
4 cenouras orgânicas grandes lavadas e cortadas em pedaços pequenos
1 vidro de leite de coco
1 dente de alho amassado
Pimenta-do-reino
Cozinhe as batatas-doces e as cenouras até ficarem macias em água suficiente apenas para cobri-las
Bata no liqüidificador ou passe no multiprocessador, adicione o leite de coco, o alho e pimenta-do-reino a gosto.

LANCHE DA TARDE

Proteção de melancia

A polpa da melancia é rica em beta-caroteno e vitamina C e as sementes, em gorduras essenciais, vitamina E, zinco e selênio. Se você bater as sementes com a polpa, a casca das sementes (a parte preta) vai para o fundo e as sementes se misturam com a polpa para fazer um suco incrivelmente estimulante para o sistema imunológico. Esse suco é ideal durante uma infecção, pois fornece glicose suficiente para dar energia, algumas proteínas das sementes e muitos nutrientes que estimulam o sistema de defesa. Além disso, representa uma excelente proteção contra a poluição, caso você esteja a passeio numa cidade muito poluída.

Coquetel de suco de frutas silvestres

Existe uma grande variedade de sucos de frutas silvestres. Os de framboesa e acerola são especialmente saborosos. Veja os que consegue encontrar em sua loja de produtos naturais. Escolha sucos puros sem açúcar. Eles são néctares para o sistema imunológico, repletos de vitamina C e antocianinas. O ideal é misturar com água na proporção de meio a meio, para diluir os açúcares naturais das frutas. Outra alternativa é fazer o seu próprio suco:

300g de suco de maçã
350g de frutas silvestres variadas (*blueberries*, groselha, morango)
Bater no liqüidificador

JANTAR

Massa (de trigo-sarraceno) ao estilo tailandês com cogumelos shiitake

O trigo-sarraceno é um alimento isento de glúten e rico em proteína. A maioria das massas de trigo-sarraceno também contém farinha de trigo e é mais fácil de cozinhar do que a massa de trigo-sarraceno puro, que se desmancha se ficar muito tempo no fogo. O melhor é cozinhar a massa por cinco minutos, escorrer e cozinhar novamente.

Porção para duas pessoas

1 colher de sopa de azeite de oliva
2 dentes de alho picadinhos
100g de cogumelos shiitake (se não encontrar frescos, compre cogumelos secos e deixe-os de molho)
2 cenouras orgânicas, lavadas e cortadas no sentido longitudinal em tiras finas de 5cm de comprimento
100g de brócolis, lavado e separado em raminhos
100g de pedacinhos de tofu marinado

1 colher de chá de temperos tailandeses e 2 colheres de sopa de leite de coco ou 1 colher de chá de molho de soja
200g de macarrão de trigo-sarraceno
Aqueça o azeite numa panela wok ou frigideira. Refogue o alho por 3 minutos, em seguida adicione os cogumelos e mexa rapidamente antes de acrescentar os outros vegetais, o tofu, os condimentos, o leite de coco e água suficiente para cozinhar no vapor. Tampe e abaixe o fogo até que os vegetais estejam cozidos porém crocantes. Sirva com uma pequena porção de massa de trigo-sarraceno.

Salmão com purê de batata-doce e couve-de-bruxelas com molho de homus e cogumelos

Porção para duas pessoas

2 filés de salmão
2 colheres de chá de caldo de legumes concentrado (opcional)
2 batatas-doces grandes, descascadas e cortadas em pedaços
Pimenta-do-reino
225g de couve-de-bruxelas, lavadas e aparadas
225g de cogumelos shiitake
1 colher de sopa de azeite de oliva
100g de homus

Lave o salmão e seque com papel-toalha. Numa frigideira grande, dilua o caldo de legumes concentrado em 600ml de água fervente. Deixe esfriar até ficar morno. Agregue o salmão ao caldo e cozinhe por cinco minutos em fogo baixo. Outra alternativa é grelhar os dois lados do salmão em fogo médio por alguns minutos.

Enquanto isso, cozinhe e amasse as batatas-doces e tempere com pimenta-do-reino a gosto. Cozinhe a couve-de-bruxelas na água ou no vapor durante cinco minutos. Refogue os cogumelos no azeite por dois minutos, adicione um pouquinho de água, tampe e abaixe o fogo. Deixe que cozinhem por cinco minutos até ficarem macios e suculentos. Faça um purê com os cogumelos e acrescente o homus.

Arranje o salmão, o purê de batata e a couve-de-bruxelas num prato, despeje o molho sobre o peixe e sirva.

Peixe ensopado com alcachofras e cogumelos silvestres

Porção para quatro pessoas

450g de filés grossos de salmão sem pele
450g de filés grossos de cavalinha
Pimenta-do-reino
3 colheres de sopa de farinha de milho
2 colheres de sopa de azeite de oliva
2 cebolas cortadas em oito gomos, conservando a raiz para manter as camadas unidas
2 dentes de alho picadinhos
300ml de vinho branco
175ml de caldo de peixe
225g de cogumelos silvestres
1 folha de louro
2 colheres de sopa de salsa fresca picadinha
12 corações de alcachofra em óleo
1 limão
2 colheres de sopa de manjericão fresco picadinho

Corte o peixe em pedaços pequenos, removendo os espinhos. Tempere com pimenta-do-reino e polvilhe com farinha de milho. Aqueça o azeite numa panela grande. Junte os pedaços de peixe e cozinhe até que fiquem firmes. Retire o peixe com uma escumadeira e reserve.

Coloque as cebolas na panela e cozinhe até ficarem macias. Acrescente o alho e deixe mais dois minutos. À parte, misture o vinho e o caldo de peixe, os cogumelos, a folha de louro e a salsinha. Despeje sobre as cebolas e cozinhe por cinco minutos. (Durante a fervura o álcool do vinho evapora.)

Retire os corações das alcachofras e divida-os ao meio. Corte o limão em fatias finas. Adicione o peixe e as alcachofras ao molho e coloque as fatias de limão por cima. Tampe e cozinhe de 10 a 15 minutos. Por último, acrescente o manjericão picado. Sirva imediatamente com arroz integral.

(Essas receitas e muitas outras são encontradas no livro *Optimum Nutrition Cookbook*, publicado em setembro de 1999.)

Suplementos Vitamínicos

24

Além de uma alimentação anticancerígena e capaz de fortalecer o sistema imunológico, os suplementos de certas vitaminas, minerais e ervas são definitivamente valiosos. A ingestão ideal depende muito das necessidades individuais — uma conseqüência de fatores genéticos, estilo de vida e meio ambiente. As recomendações "básicas" apresentadas abaixo, portanto, representam apenas uma orientação geral para pessoas que desejam reduzir o risco de contrair câncer e muitas outras doenças relacionadas com a nutrição. Essas recomendações são a sua "apólice de seguro".

Em termos práticos, a maneira mais fácil de alcançar esses níveis é por meio de suplementos:

- Um bom complexo multivitamínico e mineral polivalente
- Vitamina C (com bioflavonóides)

- Um complexo antioxidante (para A, C, E e selênio, além de outros fitonutrientes antioxidantes como as antocianidinas e a glutationa).

Embora nem sempre o valor dos nutrientes para os pacientes de câncer seja reconhecido pela medicina, existem provas substanciais de sua eficácia. Os níveis necessários para que esses nutrientes exerçam sua ação mais potente excede em muito as quantidades necessárias para a prevenção básica. Esses níveis são apresentados na tabela abaixo sob o título: "suporte nutricional máximo". Eles não suprem as exigências durante a quimioterapia, radioterapia ou cirurgia. As necessidades nutricionais nessas circunstâncias são discutidas no Capítulo 26.

Um argumento que reforça o uso de suplementação de micronutrientes é que os pacientes de câncer apresentam uma má absorção e talvez não retirem dos alimentos os micronutrientes de que precisam, mesmo que façam uma boa alimentação. De qualquer modo, se você for portador de câncer, não deve se submeter a uma estratégia nutricional por conta própria. Procure orientação de um nutricionista que possa trabalhar em parceria com o seu médico a fim de elaborar uma estratégia mais apropriada para você. Só porque uma substância é natural não significa que nunca seja prejudicial. Doses muito elevadas de nutrientes podem causar um efeito adverso e, por esse motivo, você precisa dos conselhos de um nutricionista que o submeta a testes para descobrir quais são as suas carências.

Ingestão ideal de suplementos para proteger contra o câncer

Nutriente	Prevenção básica	Suporte nutricional máximo
Vitaminas		
Vitamina A	20.000UI	35.000UI
como retinol	7.500UI	18.500UI*
como beta-caroteno	12.500UI (20mg)	16.500UI (30mg)
Vitamina C	2.000mg	10.000mg
Vitamina D	400UI	

Vitamina E	150mg (200UI)	400mg (600UI)
B_1 (tiamina)	25mg	
B_2 (riboflavina)	25mg	
B_3 (niacina)	25mg	100mg
B_5 (ácido pantotênico)	25mg	50 a 100mg
B_6 (piridoxina)	25mg	50 a 100mg
B_{12}	10mcg	20mcg
Ácido fólico	100mcg	400mcg
Biotina	50mcg	
Minerais		
Cálcio	350mg	800mg
Magnésio	200mg	500mg
Zinco	15mg	25mg
Ferro	10mg	
Manganês	5mg	10mg
Crômio	50mcg	100mcg
Selênio	100mcg	200mcg
Outros nutrientes		
Glutamina	1.000mg	5.000mg
Co-Q10	30mg	90mg
Glutationa reduzida**	50mg	300mg
Antocianidinas	20mg	50mg
Bioflavonóides	100	300mg
Plantas		
Essiac		de acordo com a instrução
Unha-de-gato		1.000 a 2.000mg (1 a 2 xícaras)
Equinácea		1.000 a 2.000mg (30 a 60 gotas)
Aloe vera		de acordo com a instrução
Cogumelo (ganoderma, etc.)		1.500mg

Entre os extratos opcionais incluem-se: cardo-mariano, cúrcuma, bromelaína, astrágalo e alho, que são vendidos como suplementos. Existem inúmeras fontes de bioflavonóides e antocianidinas, como picnogenol, quercetina e extrato de sementes de uva. Os suplementos que contêm um complexo de antocianidinas e bioflavonóides são cada vez mais fáceis de serem encontrados. Os extratos de soja ricos em genisteína, daidzeína e outros isoflavonóides também são de interesse especial para os cânceres relacionados a hormônios.

* Não tome essa quantidade de retinol, a forma não-vegetal da vitamina A, se estiver grávida ou tiver probabilidade de engravidar.

** A glutationa deve ter revestimento entérico para evitar degradação no estômago. Além disso, deve ser combinada com antocianinas, que reciclam a glutationa, tornando-a muito mais potente.

Mudanças no Estilo de Vida

25

Juntos, a mudança nos hábitos alimentares, a ingestão de suplementos e as alterações no estilo de vida destinadas a reduzir a exposição a carcinógenos provavelmente diminuirão pela metade, senão 90 por cento, o seu risco de desenvolver câncer. Em termos reais, isso significa um acréscimo de 10 a 20 anos de vida (bem como acrescentam vitalidade a esses anos). Quanto mais cedo você começar, menos risco correrá — nunca é cedo demais para a prevenção.

Apresentamos dez dicas de estilo de vida para reduzir a sua exposição a carcinogênicos potenciais. Algumas são fáceis de colocar em prática. Outras, como reduzir a exposição à fumaça das chaminés das fábricas e dos carros, dependem do local onde você mora e trabalha e de como vai de casa para o trabalho e vice-versa. Esses fatores devem fazer parte do seu planejamento a longo prazo. A sua saúde é o seu grande bem. Vale a pena protegê-la.

- Não fume e reduza sua permanência em ambientes cheios de fumaça.
- Reduza o tempo que você passa em engarrafamentos de trânsito, respirando fumaça de escapamento e, se possível, more numa área menos poluída.
- Minimize a sua exposição ao sol forte e use um bom filtro solar, sobretudo se tiver cabelos e olhos claros e muitas pintas. Não combine álcool com sol forte.
- Use alternativas naturais para fármacos, sempre que possível. Não faça terapia de reposição hormonal que contenha estrogênio ou progestina e somente se submeta a raios X se for absolutamente essencial.
- Se tiver telefone celular, use-o pouco e coloque fones de ouvido.
- Não aqueça alimentos em plásticos e reduza a quantidade de bebidas e alimentos gordurosos que ficam em contato direto com embalagens de plástico flexível.
- Use detergentes naturais e verifique se seus produtos de higiene pessoal não contêm carcinógenos conhecidos.
- Não use pesticidas no jardim ou nas plantas que estão dentro de casa.
- Controle o nível de *stress* em sua vida. *Stress* prolongado mina o sistema imunológico.
- Durma bastante. O sono é um nutriente vital para o sistema imunológico.

Como Aumentar as Chances de Recuperação

26

Se você foi diagnosticado como portador de câncer, provavelmente já foi submetido a um desses três tratamentos: cirurgia, quimioterapia ou radioterapia. Cada um deles apresenta vantagens e desvantagens, e as desvantagens muitas vezes podem ser combatidas com estratégias nutricionais específicas.

O propósito deste capítulo é fornecer informações sobre os diferentes tratamentos de câncer e sobre a alimentação ideal para melhorar a reação do organismo a eles. Você deve pensar com cuidado sobre o curso de ação a tomar, junto com o médico e o nutricionista, que podem lhe dar o melhor apoio nutricional.

Cirurgia

A cirurgia, um procedimento naturalmente traumático, é mais indicada quando o tumor está interferindo com as funções do organismo. Ela elimina células cancerosas em 25 a 60 por cento dos pacientes, não impedindo que o tumor maligno retorne, como inúmeros estudos têm demonstrado. Não se trata de uma cura, pois o tumor constitui o sintoma e não a causa da doença. Antes e depois da cirurgia, é bom aumentar a ingestão de vitaminas A, C e E, bem como de zinco e glutamina, que ajudam o organismo a se recuperar.

Radioterapia

A radiação é utilizada para diminuir o ritmo de determinados tipos de câncer, mas raramente promove a cura. Além disso, algumas células saudáveis são danificadas. Assim como a quimioterapia, a radiação, por si só, é um carcinogênico e enfraquece sobremaneira o sistema imunológico. O apoio nutricional durante a radioterapia é muito importante, sobretudo com nutrientes antioxidantes (vitaminas A, C e E e selênio) e glutationa.

Quimioterapia

A quimioterapia consiste na administração de drogas que são tóxicas para as células cancerosas. O problema é que muitas delas danificam também as células sadias, e são carcinogênicas por natureza. Isso se aplica tanto aos poderosos agentes quimioterápicos como aos mais suaves como o tamoxifeno. Como sempre, os pesquisadores estão tentando desenvolver drogas quimioterápicas que ataquem especificamente as células cancerosas e não prejudiquem as células sadias.

Apesar de ser a droga mais comumente prescrita para câncer de mama, o tamoxifeno representa uma faca de dois gumes. Quimicamente relacionada com o DES (uma droga que causava câncer nas pessoas que eram expostas a ela durante o desenvolvimento fetal), é uma substância química levemente estrogênica que atua como um bloqueador de estrogênio, de forma bastante semelhante aos fitoestrogênios da soja. O tamoxifeno só é benéfico em mulheres que já passaram pelo processo da menopausa e têm câncer de mama sensível a estrogênio, e mesmo assim os efeitos protetores desaparecem depois de cinco anos. Embora alguns estudos tenham demonstrado que ele reduz de 30 a 50 por cento as chances de haver desenvolvimento de câncer no outro seio[1], outros estudos que contaram com a participação de 30.000 pacientes com câncer de mama, publicados na revista médica britânica *The Lancet*, revelaram uma diferença de apenas 3,5 por cento no índice de sobrevida após cinco ou seis anos nas mulheres que tomaram o fármaco, em comparação com as que tomaram placebo.[2]

Todavia, o tamoxifeno possui um lado sombrio. Embora reduza levemente o risco de câncer de mama, existem provas de que aumenta o risco de câncer de fígado e dobra o risco de câncer do endométrio.[3] Além disso, produz efeitos colaterais que variam de dano à visão a risco de formação de coágulos sangüíneos durante a menopausa. Por esse motivo, é considerado carcinogênico. A despeito de tudo isso, o tamoxifeno está sendo licenciado para ser administrado a mulheres que não têm câncer de mama, com a alegação de que pode prevenir seu aparecimento. Isso é uma sandice, levando em consideração as desvantagens que esse fármaco oferece e as provas esmagadoras de que uma estratégia alimentar atóxica pode proporcionar uma proteção significativamente maior.

Apoio Nutricional para Quimioterapia e Radioterapia

É bom que as pessoas que estão se submetendo a tratamentos de quimioterapia e radioterapia saibam que inúmeros estudos clínicos revelaram que alterações nos hábitos alimentares e no estilo de vida podem melhorar o bem-estar geral, aumentar a expectativa de vida e ajudar a minimizar os efeitos dessas terapias. Os fatores envolvidos incluem diminuir a ingestão de gorduras, comer mais legumes e verduras, tomar suplementos vitamínicos e minerais e reduzir a exposição a poluentes, entre outros.[4] Apesar de muitas pessoas serem aconselhadas a não tomar vitaminas ou suplementos minerais durante a quimioterapia e a radioterapia, vários estudos mostraram que os antioxidantes podem proteger contra a toxicidade das drogas e da radiação e aumentar seus efeitos de combate ao câncer.[5] Os suplementos vitamínicos também podem evitar as náuseas e vômitos provocados pela radioterapia.

Um agente quimioterápico comum, a adriamicina, possui o lamentável efeito colateral de induzir problemas cardíacos. Como ele acaba com os níveis de Co-Q — essencial para o funcionamento do coração — um grupo de pacientes recebeu 100mg de Co-Q diariamente durante a quimioterapia e foi comparado com outro grupo que só recebeu quimioterapia. O grupo que recebeu Co-Q não apresentou o aumento de problemas cardíacos que ocorreu no grupo que não recebeu suplementos de Co-Q.[6]

Outro nutriente que deve ser tomado durante a quimioterapia é a bromelina, uma enzima encontrada no abacaxi que quebra as moléculas de proteína. Num estudo conduzido na Alemanha, a administração de bromelina concomitantemente com a quimioterapia produziu regressão expressiva dos tumores. Os pesquisadores descobriram que para surtir efeito era necessário uma dose diária de até 2g de bromelina.[7]

Além dos nutrientes recomendados no Capítulo 24, o aminoácido glutamina pode ajudar sobremaneira a recuperação depois da cirurgia e durante a quimioterapia. A glutamina é o principal nutriente para o revestimento do intestino delgado e ajuda a curar vários quadros inflamatórios no intestino. Além disso, é a precursora do importante antioxidante glutationa. Os pacientes que recebem quimioterapia amiúde sofrem de náuseas, vômitos e diarréia, provavelmente porque a quimioterapia ataca e destrói as células intestinais de crescimento rápido. Num estudo, onze pacientes que estavam sendo submetidos à quimioterapia em virtude de leucemia receberam 6g de glutamina via oral três vezes ao dia antes da terapia e depois por um período de 11 a 39 dias. Comparados com os 22 indivíduos do grupo de controle, o grupo da glutamina teve diarréias mais brandas, por um período significativamente mais curto.[8]

Outros estudos mostraram que a glutamina acelera a recuperação da quimioterapia e reduz a incidência de infecção,[9] ocorrência comum após a administração dessa poderosa droga. Da mesma forma, estudos realizados em animais revelaram que a quimioterapia é mais eficaz quando a glutamina também é administrada.[10] Ela reduz os danos causados pela radiação. Contudo, como a glutamina pode aumentar a eficácia da quimioterapia, ela deve, nesse caso, ser usada apenas com supervisão médica.

Estratégias Naturais Contra o Câncer

Se você optar por uma abordagem nutricional agressiva ao câncer, é melhor fazer isso com a orientação de um nutricionista. Com base numa avaliação completa das suas necessidades nutricionais, ele pode elaborar a estratégia mais apropriada para você.

- Os **exames de sangue e de urina** podem determinar o seu estado de saúde atual. Isso pode abranger uma avaliação do seu risco atual a partir da análise do DNA, do seu *status* antioxidante e do seu potencial de desintoxicação. Esses exames avançados ajudam a apontar de forma acurada o melhor curso de ação.
- Uma **alimentação desintoxicante**, que vise dar ao seu organismo o máximo de nutrientes com a mínima ingestão de substâncias tóxicas.
- Um **programa de suplementação nutricional**, com níveis elevados de antioxidantes e nutrientes importantes que estimulam o sistema imunológico e coloca as chances a seu favor. Esse programa provavelmente inclui grandes quantidades de vitaminas A e C e selênio, bem como de glutationa e antocianidinas.
- **Agentes anticancerígenos naturais**, dependendo do tipo de câncer que você tem. Para cânceres relacionados com hormônios, podem envolver fitoestrogênios como a genisteína e a daidzeína da soja. Existem inúmeros outros agentes anticancerígenos sobre os quais o médico e o nutricionista podem aconselhá-lo.

- **Apoio** é um parte importante do processo e existem vários grupos de apoio para pacientes de câncer e para aqueles que optaram por tratamentos não-convencionais.
- A **informação** também constitui um aliado importantíssimo. Quanto mais você souber, mais apto estará para fazer escolhas.

Procure um bom nutricionista em sua região; alguns possuem mais experiência no trabalho com pacientes de câncer, portanto vale a pena perguntar antes de tomar uma decisão.

Esta é a opinião do oncologista dr. Keith Block, diretor do Centro Integrativo de Cuidados Contra o Câncer em Evanston, Illinois. Block e seus colegas combinam doses cautelosas de quimioterapia, radioterapia e cirurgia com quantidades generosas de suplemento, orientação alimentar e apoio psicológico. Da mesma forma, o nutricionista, o médico e quem mais você escolher para ajudar, devem ser vistos como membros de uma equipe cujo propósito é muni-lo com as melhores estratégias possíveis para restaurar a sua saúde.

A próxima sessão deste livro identifica os fatores alimentares e os suplementos nutricionais mais eficazes no combate a cada tipo de câncer.

PARTE 6

CURA POR MEIO DA ALIMENTAÇÃO DE A A Z

Boca, Garganta e Esôfago

A presença desses cânceres constitui forte indício de ingestão ou inalação de carcinógenos.

Fatores de risco associados: álcool, fumo, falta de frutas e hortaliças na alimentação e ingestão excessiva de chá ou bebidas muito quentes. A combinação de fumo e bebida alcoólica aumenta o risco de câncer no esôfago.

Prevenção: siga os conselhos oferecidos na Parte 5. Os nutrientes mais importantes são antioxidantes, vitamina C, vitamina A e selênio, além de uma alimentação rica em frutas, verduras e legumes e pouco consumo de álcool. Evite fumar e tomar bebidas muito quentes.

Apoio nutricional: recomendam-se os níveis máximos de vitaminas A, C e selênio (ver páginas 181-182).

Câncer Colorretal

Os cânceres de cólon ou reto são alguns dos tipos mais comuns, sobretudo no mundo ocidental. Estão estreitamente ligados à alimentação e existem poucas dúvidas de que os carcinogênicos, causados pelo apodrecimento dos alimentos e produzidos pelos microrganismos num intestino doente, desempenham um papel importante. Uma alimentação rica em fibras encurta o tempo que o alimento leva para transitar no trato intestinal e reduz a exposição aos carcinogênicos.

Fatores de risco associados: alimentação rica em gorduras (sobretudo gorduras saturadas), grande consumo de carne (principalmente grelhada ou tostada), pouca ingestão de fibras, história de pólipos, fumo, excesso de álcool, falta de exercício físico, alimentação destituída de vegetais, ingestão excessiva de calorias, *stress* prolongado.

Prevenção: siga os conselhos fornecidos na Parte 5. Os nutrientes mais importantes são beta-caroteno, vitamina C, ácido fólico, vitamina D, cálcio e selênio. A alimentação, contudo, constitui o principal fator de prevenção. O consumo regular de alho reduz o risco, bem como de iogurte natural, que fornece bactérias benéficas para melhorar a saúde intestinal.

Apoio nutricional: recomendam-se os níveis máximos de beta-caroteno, vitamina C, ácido fólico, vitamina D, cálcio e selênio (ver páginas 181 e 182), e um regime alimentar rigoroso.

Câncer de Colo de Útero

O câncer de colo de útero pode ser diagnosticado precocemente com o exame de Papanicolau. A forma pré-invasiva quase sempre é curável, e o diagnóstico precoce levou a uma redução de 70 por cento na taxa de mortalidade.

Fatores de risco associados: infecção com papilomavírus humano (HPV) — muitos parceiros sexuais aumentam o risco desse tipo de infecção — contraceptivos orais, fumo, níveis baixos de carotenóides, níveis baixos de vitaminas C, pouca ingestão de frutas e hortaliças que contêm carotenóides e vitamina C, exposição a substâncias químicas destruidoras de hormônios.

Prevenção: siga os conselhos apresentados na Parte 5. Os nutrientes mais importantes são as vitaminas D e E e os minerais selênio e cálcio. A alimentação que oferece mais proteção é a vegan (sem carne e sem laticínios). Coma alimentos orgânicos sempre que possível. O consumo regular de soja (como tofu e leite de soja) também pode reduzir os riscos.

Apoio nutricional: alterações pré-malignas nas células do colo do útero, chamado de displasia cervical, reagem bem à vitamina C e ao ácido fólico. Recomendam-se os níveis máximos desses nutrientes (ver páginas 181 e 182), juntamente com vitaminas antioxidantes: A, beta-caroteno e E.

Câncer de Mama

O câncer de mama é o tipo de câncer predominante entre as mulheres, e pode ocorrer também em homens. Cerca de 80 por cento dos cânceres de mama são denominados receptores positivos de estrogênio. É bem possível que as substâncias químicas que destroem os hormônios tenham uma parcela de responsabilidade nesse tipo de câncer (*ver* Capítulos 3 e 15). Uma alimentação rica em carne e gordura saturada representa maior exposição a essas substâncias químicas, que podem ser armazenadas no tecido gorduroso.

Fatores de risco associados: contraceptivo oral, terapia de reposição hormonal contendo progestinas ou estrogênios sintéticos, porcentagem de gordura corporal e índice cintura-quadril elevados, desenvolvimento rápido e menstruação precoce, alimentação rica em gordura, excesso de gordura saturada e de ingestão de calorias, fumo, grande consumo de carne, baixo consumo de frutas e hortaliças, exposição a pesticidas, substâncias químicas que destroem os hormônios, radiação (inclusive mamografias), presença de genes (oncogenes BRCA1 e 2) e alimentação com poucas fibras.

Prevenção: siga os conselhos fornecidos na Parte 5. Os nutrientes particularmente importantes são as vitaminas D e E e os minerais selênio e cálcio. A dieta de menor risco é a vegan (sem carne e laticínios). Coma alimentos orgânicos sempre que puder. Peixes, sobretudo cavalinha, arenque, atum e salmão, ricos em gorduras Ômega-3, diminuem o risco. As sementes e o óleo de linhaça são as melhores fontes vegetais de gorduras Ômega-3. O consumo regular de soja (como tofu e leite) também reduz o risco. Os tomates, ricos em licopeno, também são recomendados.

Apoio nutricional: recomendam-se os níveis máximos de vitaminas C e E e de cálcio (ver páginas 181 e 182). Avalie a possibilidade de tomar suplementos de genisteína e daidzeína, os fatores protetores encontrados na soja.

Câncer do Ovário

O câncer ovariano é bastante comum, e não há um aumento significativo na sua incidência. Problemas de ovulação e exposição a substâncias químicas destruidoras de hormônios provavelmente desempenham um papel importante. Pouco se sabe até agora, embora haja uma boa lógica para seguir as recomendações apresentadas para câncer de mama.

Fatores de risco associados: exposição a substâncias químicas destruidoras de hormônios, uso de contraceptivos orais e terapia de reposição hormonal que contém progestinas ou estrogênios ou sintéticos.

Prevenção: provavelmente as mesmas para câncer de mama, ou seja, seguir os conselhos oferecidos na Parte 5. Os nutrientes mais importantes são as vitaminas D e E e os minerais selênio e cálcio. A alimentação que mais reduz o risco é a vegan (sem carne e sem laticínios). Coma alimentos orgânicos sempre que possível. Peixes, especialmente cavalinha, arenque, atum e salmão, ricos em gorduras Ômega-3, reduzem o risco. As sementes e o óleo de linhaça constituem a melhor fonte de gorduras Ômega-3. O consumo regular de soja (como tofu ou leite de soja) também reduz o risco. Os tomates, ricos em licopeno, são igualmente recomendados.

Apoio nutricional: recomendam-se os níveis máximos de vitaminas C, E e cálcio (ver páginas 181 e 182). Considere a possibilidade de uma fonte suplementar de genisteína e daidzeína, os fatores protetores encontrados na soja.

Câncer do Endométrio (Uterino)

O endométrio é o revestimento do útero. O número de câncer do endométrio está aumentando — trata-se de um câncer sensível a hormônios que possui muitos dos fatores de risco do câncer de mama. Existe uma grande probabilidade de que as substâncias químicas destruidoras de hormônios tenham uma parcela de responsabilidade nesse tipo de câncer (ver Capítulos 3 e 15).

Fatores de risco associados: obesidade, consumo exagerado de gorduras animais e saturadas, pouco consumo de frutas e hortaliças ricas em carotenóides e vitamina C, exposição a substâncias químicas destruidoras de hormônios, uso de contraceptivos orais e terapia de reposição hormonal que contém progestinas ou estrogênios sintéticos, tamoxifeno.

Prevenção: siga os conselhos apresentados na Parte 5. Os nutrientes mais importantes são as vitaminas D e E e os minerais selênio e cálcio. A alimentação que mais reduz o risco é a vegan (sem carne e sem laticínios). Coma alimentos orgânicos sempre que possível. Peixes, especialmente cavalinha, arenque, atum e salmão, ricos em gorduras Ômega-3. As sementes e o óleo de linhaça constituem a melhor fonte de gorduras Ômega-3. O consumo regular de soja (como tofu ou leite de soja) também reduz o risco. Os tomates, ricos em licopeno, são igualmente recomendados.

Apoio nutricional: recomendam-se os níveis máximos de vitaminas C, E e cálcio (ver páginas 181 e 182). Considere a possibilidade de uma fonte suplementar de genisteína e daidzeína, os fatores protetores encontrados na soja.

Estômago

O câncer de estômago está estreitamente ligado aos carcinogênicos da alimentação. Uma forma de evitar esse tipo de câncer é eliminar os alimentos de alto risco e ingerir uma boa quantidade de nutrientes capazes de desarmar os carcinogênicos presentes nos alimentos.

Fatores de risco associados: sal e alimentos salgados; carnes grelhadas, fritas ou tostadas; falta de refrigeração, que introduz patógenos; pouca ingestão de frutas, verduras e legumes.

Prevenção: siga os conselhos fornecidos na Parte 5. Os nutrientes mais importantes são os antioxidantes beta caroteno, vitamina C e selênio. O consumo regular de alho também fornece proteção.

Apoio nutricional: recomendam-se os níveis máximos dos antioxidantes vitaminas A, C e E, beta-caroteno e selênio (ver páginas 181 e 182).

Fígado

O fígado é o principal órgão de desintoxicação do organismo, e o câncer de fígado indica claramente exposição excessiva a carcinogênicos e/ou incapacidade de se desintoxicar. A melhora do potencial de desintoxicação pode reduzir o risco (ver Capítulo 6).

Fatores de risco associados: álcool, tamoxifeno e, provavelmente, uso prolongado de outros medicamentos prescritos e recreativos* em excesso.

Prevenção: siga os conselhos apresentados na Parte 5. Os nutrientes mais importantes são todos os antioxidantes, incluindo selênio e vegetais crucíferos, como brócolis, couve-flor, couve, repolho e couve-de-bruxelas.

Apoio nutricional: recomendam-se os níveis máximos de vitaminas A, C e E, beta-caroteno e selênio (ver páginas 181 e 182), que ajudam o fígado a se desintoxicar. A planta cardo-mariano também pode ser benéfica. Os nutricionistas podem identificar as vias mais sobrecarregadas do fígado e elaborar uma estratégia alimentar para aliviar a carga.

Linfoma (Não-Hodgkin) e Leucemia

O linfoma não-Hodgkin e a leucemia são cânceres menos comuns, embora a incidência de linfoma não-Hodgkin esteja aumentando.

Fatores de risco associados: não se sabe muito sobre os fatores de risco desses tipos de câncer. Entretanto, a exposição a pesticidas constitui fator de risco para ambos e a radiação, para leucemia.

Prevenção: siga os conselhos apresentados na Parte 5. Os nutrientes mais importantes são todos os antioxidantes, incluindo selênio e beta-caroteno, que ajudam a desintoxicar o organismo. Uma alimentação rica em frutas, verduras e legumes orgânicos, principalmente vegetais crucíferos, como brócolis, couve-flor, couve, repolho e couve-de-bruxelas, e pobre em carne vermelha e laticínios, pode reduzir a carga tóxica e o risco.

Apoio nutricional: recomendam-se os níveis máximos de vitaminas A, C e E, beta-caroteno e selênio (ver páginas 181 e 182).

* Qualquer medicamento usado não para fins médicos e destinado ao prazer ou à diversão pessoal.

Pâncreas

O pâncreas produz enzimas para digerir os alimentos, bem como hormônios. Esse tipo menos comum de câncer interfere com a digestão, muitas vezes impedindo uma boa nutrição.

Fatores de risco associados: pouco consumo de frutas, verduras e legumes, ingestão pobre de fibras, consumo excessivo de carne, fumo e provavelmente consumo excessivo de café, embora nem todos os estudos concordem.

Prevenção: siga os conselhos apresentados na Parte 5. Os nutrientes mais importantes são antioxidantes, vitamina C, vitamina A e selênio, além de uma alimentação rica em frutas e hortaliças, com pouca carne e álcool. Evite fumar e beber muito café.

Apoio nutricional: recomendam-se os níveis máximos de antioxidantes: vitaminas A, C e E e selênio (ver páginas 181 e 182). Pode ser necessário o consumo de enzimas digestivas e alimentos, sopas e sucos especialmente preparados para ajudar a digestão e a absorção dos nutrientes.

Pele

Existem dois tipos de câncer de pele — carcinoma basal ou escamoso e melanoma. O carcinoma de pele é comum e relativamente fácil de tratar. O melanoma é raro e extremamente maligno e, portanto, mais perigoso. A exposição excessiva ao sol forte constitui o principal fator de risco (ver Capítulo 14).

Fatores de risco associados: exposição excessiva à luz ultravioleta, especialmente em pessoas de pele clara, ruivas e com muitas pintas; consumo excessivo de laticínios.

Prevenção: siga os conselhos oferecidos na Parte 5. Sobretudo, evite exposição ao sol forte sem uso de um filtro solar adequado. Os nutrientes mais importantes são vitamina E e beta-caroteno, embora todos os antioxidantes forneçam proteção contra lesão na pele.

Apoio nutricional: recomendam-se os níveis máximos de vitaminas A, C, E, beta-caroteno e selênio (ver páginas 181 e 182).

Próstata

Esse é o tipo de câncer que mais está aumentando entre os homens; a previsão é que em 20 anos irá atingir um em cada quatro. Sua causa e sua abordagem nutricional são muito semelhantes às do câncer de mama. Existe uma grande probabilidade de que as substâncias químicas destruidoras de hormônios tenham uma parcela de responsabilidade nesse tipo de câncer (ver Capítulos 3 e 15).

Fatores de risco associados: alimentação rica em gordura e gordura saturada, consumo regular de laticínios e carne, pouca ingestão de fibras, obesidade, fumo, níveis altos de cádmio, exposição a substâncias químicas destruidoras de hormônios e a pesticidas, níveis elevados de testosterona.

Prevenção: siga os conselhos da Parte 5. Os nutrientes mais importantes são as vitaminas A e E, o beta-caroteno e os minerais selênio e zinco. A alimentação que mais reduz o risco é a vegan (sem carne e sem laticínios). Coma alimentos orgânicos sempre que possível. Peixes, especialmente cavalinha, arenque, atum e salmão, ricos em gorduras Ômega-3, reduzem o risco. As sementes e o óleo de linhaça constituem a melhor fonte de gorduras Ômega-3. O consumo regular de soja (como tofu ou leite de soja) também reduz o risco. Os tomates, ricos em licopeno, são igualmente recomendados.

Apoio nutricional: recomendam-se os níveis máximos de vitaminas A e E, de beta-caroteno e dos minerais selênio e zinco (ver páginas 181 e 182). Considere a possibilidade de uma fonte suplementar de genisteína e daidzeína, os fatores protetores encontrados na soja, e possivelmente a erva Saw palmeto, que auxilia a hiperplasia prostática benigna.

Pulmão

O câncer de pulmão é o que prevalece entre os homens, e é bastante comum também em mulheres. Embora o fumo seja o principal fator, a alimentação também desempenha um papel importante. O câncer de pulmão está em declínio nos países onde o número de fumantes está diminuindo (ver Capítulo 16).

Fatores de risco associados: fumo, álcool, excesso de gorduras e de gorduras saturadas, falta de frutas, verduras e legumes, principalmente carotenóides, exposição a níveis altos de poluição, à fumaça proveniente do diesel ou ao radônio.

Prevenção: siga os conselhos oferecidos na Parte 5. Os nutrientes mais importantes são todos os antioxidantes, incluindo selênio e beta-caroteno. Coma uma cenoura todos os dias e não fume.

Apoio nutricional: recomendam-se os níveis máximos de vitaminas A, C e E, beta-caroteno e selênio (ver páginas 181 e 182).

Rins e Bexiga

Os rins filtram o sangue, removendo as substâncias tóxicas e enviando-as para a bexiga. É muito provável que uma dieta pobre somada a uma maior exposição às toxinas e carcinógenos aumente o risco desses tipos de câncer. O risco pode ser reduzido pela melhora do potencial de desintoxicação (ver Capítulo 6).

Fatores de risco associados: pouca ingestão de frutas, verduras e legumes, grande ingestão de laticínios e obesidade.

Prevenção: siga os conselhos apresentados na Parte 5. Os nutrientes mais importantes são todos os antioxidantes, principalmente selênio no caso de câncer de bexiga.

Apoio nutricional: recomendam-se os níveis máximos de vitaminas A, C e E, beta-caroteno e selênio (ver páginas 181 e 182).

Referências

Parte 1

1. Waller, R., 'The Diseases of Civilisation', *The Ecologist*, vol. 1:2 (1970).
2. East Anglian Cancer Intelligence Unit, Departamento de Medicina Comunitária da Universidade de Cambridge, *Report of Cancer Incidence and Projections*, para Macmillan Cancer Relief (Junho de 1997).
3. Ibid.
4. Epstein, S., 'Winning the War Against Cancer?... Are they even fighting it?', *The Ecologist*, vol. 28:2 pp. 69-80 (1998).
5. Shekelle *et al.*, *The Lancet*, vol. 2, pp. 186-90 (1981).
6. Epstein, S., op. cit.
7. Transcrição de entrevista com Simon Wolff por Andrew Baron, 13 de maio de 1993.
8. Ostrerline, A., 'Diverging trends in incidence and mortality of testicular cancer in Denmark: 1943-1982', *Cancer*, vol. 53, pp. 501-05 (1986).
   East Anglian Cancer Intelligence Unit, op. cit.
9. National Cancer Institute, 'Bioassay of chloradane for possible carcinogenicity', Carcinogenesis Technical Report Series Nº 8 (1977).
10. Scribner, J.D. e Mottet, N.D., 'DDT acceleration of mammary gland tumors induced in the male Sprague-Dawley rat by 2 acetamidophenanthrene', *Carcinogenesis*, vol. 2, pp. 1235-39 (1981).
11. Westin, J.B. e Richter, E., 'The Israeli breast-cancer anomaly', *Ann NY Acad Sci*, vol. 609, pp. 269-79 (1990).
12. Wasserman, M. *et al.*, 'Organochlorine compounds in neoplastic and adjacent apparently normal breast tissue', *Bull Environ Contam Toxicol*, vol. 15, pp. 478-84 (1976).
13. Soto, A. *et al.*, 'P-nonylphenol: and estrogenic xenobiotic released from "modified" polystyrene', *Environmental Health Perspectives*, vol. 92, pp. 167-73 (1991).
14. Chang *et al.*, *Fertility and Sterility*, 63(4) (1995).
15. Herbst, A. *et al.*, *N Engl J Med*, vol. 284, pp. 878-81 (1971).
16. Gill, W. *et al.*, 'Effects on human males of in utero exposure to exogenous sex hormones'.
    Miri, T. e Nagasawa, H. (orgs.), *Toxicity of Hormones in Perinatal Life*, CRC Press (1988).

17. Bergkvist, L. *et al.*, 'The risk of breast cancer after estrogen and estrogen-progestin replacement', *N Eng J Med*, vol. 32, pp. 293-97 (1989).
18. Colditz, G. *et al.*, 'The use of estrogen and progestins and the risk of breast cancer in postmenopausal women', *N Eng J Med*, vol. 332, pp. 1589-93 (1995).
19. Collaborative Group on Hormonal Factors in Breast Cancer, 'Breast cancer and hormone replacement therapy: collaborative reanalysis of data from 51 epidemiological studies of 52.705 women with breast cancer and 108.411 women without breast cancer', *Lancet*, vol. 350, pp. 1047-059 (1997).
20. Rodriguez, C. *et al.*, 'Estrogen replacement therapy and fatal ovarian cancer', *Am J Epidemiology*, vol. 141(9), pp. 828-35 (1995).
21. Beresford, S.A. *et al.*, 'Risk of endometrial cancer in relation to use of oestrogen combined with cyclic progestagen therapy in postmenopausal women', *Lancet*, vol. 349(9050), pp. 458-61(1997).
22. Messina, M., 'The role of soy products in reducing risk of cancer' *J Natl Cancer Inst*, vol. 83, pp. 541-46 (1991).
Troll, W., 'Soybean diet lowers breat tumour incidence in irradiated rats', *Carcinogenesis*, vol. 1, pp. 469-72 (1980).
23. Barnes, S., 'Soybeans inhibit mammary tumor growth in models of breast cancer', *Mutagens and Carcinogens in Diet*, Pariza, M. (org.), Wiley, Nova York (1990).
24. Epstein, S., op. cit.
25. Howard, V., 'Synergistic effect of chemical mixtures: can we rely on traditional toxicology?', *The Ecologist*, vol. 27(5) (1997).
26. Watson, P. *et al.*, 'Prognosis of BRCA1 hereditary breast cancer (comentário)', *Lancet*, vol. 351, pp. 304-05 (1998).
27. Murphy, P. e Bra, W., 'How cancer gene testing can benefit patients', *Mol Med Today*, vol. 3(4), pp. 147-52 (1997).
28. Katiyar, S. *et al.*, 'Protective effects of silymarin against photocarcinogenes in a mouse skin model', *J Natl Cancer Inst*, vol. 8(98), pp. 556-66 (1997).
29. Pinner, R. *et al.*, 'Trends in infectious diseases mortality in the United States', *JAMA*, vol. 275(3), pp. 189-93 (1996).
30. *The Health of Adult Britain* 1841-1994, Office of National Statistics.
31. *Daily Mail*, 15/4/97, p. 11.

Parte 2

1. Mann, J. *et al.*, 'Risk of death from cancer and ischaemic heart disease in meat and non-meat-eaters', *Br Med J*, vol. 308, pp. 1667-70 (1994).
2. Giovannucci, E. *et al.*, 'A prospective study of dietary fat and risk of prostate cancer', *J Natl Cancer Inst*, vol. 85, pp. 1571-79 (1993).

3. Cox, B.D. e Whichelow, M.J., 'Frequent consumption of red meat is not a risk factor for cancer', (carta), *BMJ*, vol. 315(7114), pp. 1018 (1997).
4. Lindblad, P. *et al.*, 'Diet and risk of renal cell cancer: a population-based case-control study', *Cancer Epidemiol Biomarkers Prev,* vol. 6(4), pp. 215-23 (1997).
5. Peters, R.K. *et al.*, 'Diet and colon cancer in Los Angeles County, California', *Cancer Causes Control,* vol. 3(5), pp. 457-73 (1992).
6. de Lorgeril, M. *et al.*, 'Mediterranean dietary pattern in a randomised trial: prolonged survival and possible reduced cancer rate', *Arch Intern Med,* vol. 158(11), pp. 1181-188 (1998).
7. Lindblad, P. *et al.*, op. cit.
8. *Longevity* (Novembro de 1995).
9. *Clinical Pearls News,* vol. 6(3) (1996).
10. Hirayama, T., 'A large scale cohort study on cancer risks by diet — with special reference to the risk reducing effects of green-yellow vegetables consumption', *Princess Takamatsu Symp,* vol. 16, pp. 41-53 (1985).
11. 'Food, Nutrition and the Prevention of Cancer', Fundo Internacional de Pesquisa do Câncer, Instituto Americano para a Pesquisa de Câncer, pp. 239-42 (1997).
12. Pool-Zobel, B.L. *et al.*, 'Consumption of vegetables reduces genetic damage in humans: first results of a human intervention trial with carotenoid-rich foods', *Carcinogenesis,* vol. 18(9), pp. 1847-50 (1997).
13. Goldschmidt-Clermant, R., 'Mitogenic signaling mediated by oxidants in pastransformed fibroblasts', *Science* (14/3/97).
14. Peters, R. *et al.*, *Cancer Causes and Control,* vol. 3, pp. 457-73 (1992).
15. *Carcinogens,* vol. 16 (1995).
16. Grubbs, C. J. *et al.*, 'Chemoprevention of chemically-induced mammary carcinogenesis by indole-3-carbinol', *Anticancer Res,* vol. 15(3), pp. 709-16 (1995).

    Preobrazhenshaya, M.N. *et al.*, 'Polyfunctional indole-3-carbinol derivatives: I-(indol-3-yl) glycerols and related compounds, beta-hydroxytryptamines and ascorbigens. Chemistry and biological properties', *Farmaco,* vol. 50(6), pp. 369-77 (1995).
17. Adlercreutz, H. *et al.*, 'Plasma concentrations of phyto-oestrogens in Japanese men', *Lancet,* vol. 342, pp. 1209-210 (1993).
18. St Clair, W.H. e St Clair, D.K., 'Effect of the Bowman-Birk protease inhibitor on the expression of oncogenes in the irradiated rat colon', *Cancer Res,* vol. 51, pp. 4539-43 (1991).

    St Clair, W.H. *et al.*, 'Suppression of dimethylyhydrazine-induced carcinogenesis in mice by dietary addition of the Bowman-Birk protease inhibitor', *Cancer Res,* vol. 50, pp. 580-86 (1990).

19. Lu, L.J. *et al.*, 'Altered time course of urinary diadzein and genistein excretion during chronic soya diet in healthy male subjects', *Nutr Cancer*, vol. 24, pp. 311-23 (1995).
20. Ingram, D. *et al.*, 'Case-control study of phyto-oestrogens and breast cancer', *Lancet*, vol. 350, pp. 990-94 (1997).
Messina, M. *et al.*, 'Phyto-oestrogens and breast cancer', *Lancet*, vol. 350, pp. 971-72 (1997).
21. Dwyer, J. *et al.*, 'Tofu and soy drinks contain phytoestrogens', *J Am Diet Assoc*, vol. 94(7), pp. 739-43 (1994).
22. Messina, M. e Messina, V., 'Increasing use of soyfoods and their potential role in cancer prevention', *Perspectives in Practice*, vol. 91(7), pp. 836-40 (1991).
23. *Health Update USA* (Janeiro de 1994) e Boletim informativo do Fundo Internacional de Pesquisa do Câncer (Setembro de 1994).
24. Krishnaswamy, K. *et al.*, 'Retardation of experimental tumourigenesis and reduction in DNA adducts by turmeric and curcumin, *Nutrition and Cancer*, vol. 30(2), p. 163 (1998).
25. Uauy-Dagach, R. e Valenzuela, A., 'Marine oils: the health benefits of *n*-3 fatty acids.' *Nutr Rev*, vol. 54(11), pp. S102-S108 (1996).
26. Wynder, E.L. *et al.*, 'Breast cancer: weighing the evidence for a promoting role of dietary fat', *J Natl Cancer Inst*, vol. 89(11), pp. 766-75 (1997).
Hilakivi-Clarke, L. *et al.*, 'Breast cancer risk in rats fed a diet high in n-6 polyunsaturated fatty acids during pregnancy', *J Natl Cancer Inst*, vol. 88(24), pp. 1821-27 (1996).
27. Simonsen, S. *et al.*, 'Adipose tissue omega-3 and omega-6 fatty acid content and breast cancer in the EURAMIC study', *Am J Epidemiol*, vol. 147, pp. 342-52 (1998).
28. Gogos, C.A. *et al.*, *Cancer* (15/1/98).
29. Boyd, N.F. *et al.*, 'Effects at two years of a low fat, high carbohydrate diet on radiologic features of the breast: results from a randomised trial', *J Natl Cancer Inst*, vol. 89(7), pp. 488-96 (1977).
30. Frankel, *BMJ* (Fevereiro de 1998).
31. Peters, R.K. *et al.*, op. cit.
32. Peters, R.K. *et al.*, op. cit.
33. Royal, D. *et al.*, 'Clinical significance of colonic fermentation', *Am J Gastroenterol*, vol. 85(10), pp. 1307-12 (1990).
Latella, G. e Caprilli, R., 'Metabolism of large bowel mucosa in health and disease', *Colorect Dis*, vol. 6: 127-32 (1991).
Hoverstad, R., 'The normal microflora and short-chain fatty acids', Anais do Quinto Simpósio de Bengt E. Gustafsson, Estocolmo (1º-4 de Junho de 1988).

34. Yuan, J.M. *et al.*, 'Diet and breast cancer in Shanghai and Tianjin, China', *Br J Cancer,* vol. 71(6), pp. 1353-58 (1995).
35. De Stefani, E. *et al.*, 'Dietary fiber and risk of breast cancer: a case-control study in Uruguay', *Nutr Cancer,* vol. 28(1), pp. 14-19 (1997).
36. Relatório WCRF, op. cit. (1997).
37. Smith-Warner, S.A. *et al.*, 'Alcohol and breast cancer in women: a pooled analysis of cohort studies', *JAMA*, vol. 279(7), pp. 535-40 (1998).
38. Glynn, S.A. *et al.*, 'Alcohol consumption and risk of colorectal cancer in a cohort of Finnish men', *Cancer Causes Control,* vol. 7(2), pp. 214-23 (1996).
39. Clifford, A. *et al.*, 'Delayed tumor onset in transgenic mice fed an amino acid-based diet supplemented with red wine solids', *Am J Clin Nutr,* vol. 64, pp. 745-56 (1996).
40. Relatório WCRF, op. cit. (1997).
41. Record, I. e Dreosti, I., 'Protection against UV-related skin damage by antioxidants', resumo de trabalho do congresso, Mount Butter International Conference on Environmental Radiation (9/12/96).

Parte 3

1. Repacholi, M.H. et al., 'Lymphomas in E um-Pim1 transgenic mice exposed to pulsed 900MHZ electromagnetic fields', *Radiation Res,* vol. 145(5), pp. 631-640 (1997).
2. Roy, S. *et al.*, 'The phorbol 12-myristate 13-acetate (PMA)-induced oxidative burst in rat peritoneal neutrophils is increased by a 0.1 mT (60 Hz) magnetic field', *FEBS Lett,* vol. 376(3), pp. 164-66 (1995).
3. Davidson, J.A. [carta], *Med J Aust* (5 de janeiro de 1998).
4. Repacholi, M.H., 'Low-level exposure to radiofrequency electromagnetic fields: health effects and research results', *Bioelectromagnetics,* vol. 19(1), pp. 1-19 (1998).
5. Gardner, M.J *et al.*, 'Follow-up study of children born to mothers resident in Seascale, West Cumbria (birth cohort)', *BMJ*, vol. 295, pp. 822-27 (1987). Gardner, M.J *et al.*, 'Follow-up study of children born elsewhere but attending schools in Seascale, West Cumbria (schools cohort)', *BMJ*, vol. 295, pp. 819-22 (1987).
6. Darby, S. *et al.*, 'Risk of lung cancer associated with residential radon exposure in south-west England: a case-control study', *Br J Cancer,* vol. 78(3), pp. 394-408 (1998).
7. Studzinski, G.P. e Moore, D.C. 'Sunlight — can it prevent as well as cause cancer?', *Cancer Res,* vol. 55(18), pp. 1014-22 (1995).
8. Pathak, M., 'Activation of the melanocyte system by ultraviolet radiation and cell transformation', *Ann NY Acad Sci,* vol. 453, pp. 328-39 (1985).

9. Knowland, J. e McHugh, P.J., 'Characterisation of DNA damage inflicted by free radicals from a mutagenic sunscreen ingredient and its location using an in vitro genetic reversion assay', *Photochem Photobiol,* vol. 66(2), pp. 276-81 (1997).
10. Thornton, J., 'Chlorine, human health and the environment: the breast cancer warning', Greenpeace, Washington DC (1993).
11. *Dispatches: Breast Cancer,* TV Canal Quatro (Primavera de 1998), Health Update USA The Lindane Legacy, Dawkins Associates (Dezembro de 1994).
12. New Zealand Total Diet Survey (1990/1991).
13. Gold, E. *et al.*, 'Risk factors for brain tumours in children' (1979).
14. Buckley, J.D. *et al.*, 'Occupational exposures of parents of children with acute nonlymphocytaic leukemia: a report from the children's cancer study group', *Cancer Research,* vol. 49, pp. 4030-37 (1989).
15. Lowengart, R.A. *et al.*, 'Childhood leukemia and parents occupational and home exposures', *J Natl Cancer Inst,* vol. 79, pp. 39-46 (1987).
16. Smith, A., 'Infant exposure assessment for breast milk dioxins and furans derived from waste incineration emissions', *Risk Analysis,* vol. 7(3), pp. 347-53 (1987).
17. Hirayama, T., op. cit.
18. Relatório WCPF, op. cit., pp. 238-42.
19. Relatório WCPF, op. cit.
20. Kahn, H.A., 'The Dorn study of smoking and mortality among US veterans: a report on eight and a half years of observation', em Haenszel, W. (org.), *Natl Cancer Inst Monogr,* vol. 19, pp. 1-125 (1966).
21. Epstein, S. op. cit.
22. Miller, G.H. *et al.*, 'Women and lung cancer: a comparison of active and passive smokers with nonexposed nonsmokers', *Cancer Detect Prev,* vol. 18(6), pp. 421-30 (1994).
23. Charloux, A. *et al.*, 'Passive smoking and bronchial cancer: a difficult relationship to stablish', *Rev Pneumol Clin,* vol. 62(4), pp. 227-34 (1996).
24. Morabia, A. *et al.*, 'Relation of breast cancer with passive and active exposure to tobacco smoke', *Am J Epidemiol,* vol. 143(9), pp. 918-28 (1996).
25. Cadbury, D., *The Feminization of Nature,* Hamish Hamilton, pp. 180-83 (1997).
26. Kemeny, M. Psychological and immunological prediction of recurrence in Herpes simplex II; *Psychosomatic Med,* vol. 51, pp. 195-208 (1989).
27. Kiecolt-Glaser J.K. *et al.* 'Distress and DNA repair in human lymphocytes', *J Behav Med,* vol. 8, pp. 311-19 (1985)

Parte 4

1. Omenn, G. *et al.*, 'Effects of a combination of beta carotene and vitamin A on lung cancer and cardiovascular disease', *New Engl J Med*, vol. 334, pp. 1150-55 (1996).
2. Podmore, I.D. *et al.*, 'Vitamin C exhibits pro-oxidant properties', *Nature*, vol. 892; 1559 (1998).
3. Basu, T. *et al.*, 'Plasma vitamin A in patients with bronchial carcinoma', *Brit J of Cancer*, vol. 33(1), pp. 119-21 (1972).
   Comstock, G.W. *et al.*, 'The risk of developing lung cancer associated with anti-oxidants in the blood: ascorbic acid, carotenoids, alpha-tocopherol, selenium and total peroxyl radical absorbing capacity', *Cancer Epidemiol Biomarkers Prevention*, vol. 6(11), pp. 907-16 (1997).
4. Shekelle, R. *et al.*, op. cit.
5. Bond, G. *et al.*, 'Dietary vitamin A and lung cancer: results of a case-control study among chemical workers', *Nutrition and Cancer*, vol. 9(2/3), pp. 109-21 (1987).
6. Hirayama, T., 'Diet and Cancer', *Nutr Cancer*, vol. 1, pp. 67-8 (1979).
7. Rock, C.L. *et al.*, 'Responsiveness of carotenoids to a high vegetable diet intervention designed to prevent breast cancer recurrence', *Cancer Epidemiological Markers*, vol. 6(8), pp. 617-23 (1997).
8. Dorgan, J.F. *et al.*, 'Relationships of serum carotenoids, retinol, alpha-tocopherol and selenium with breast cancer risk: results from a prospective study in Columbia, Missouri', *Cancer Causes and Control*, vol. 9, pp. 89-97 (1998).
9. Stitch, H. *et al.*, 'Response of oral leukoplakia to the administration of vitamin A', *Cancer Letters*, vol. 40(1), pp. 93-101 (1988).
10. Huang, L.A. *et al.*, 'Treatment of acute promyelocytic leukemia with all-trans retinoic acid: a five-year experience', *Clin Med J*, vol. 106(10), pp. 43-48 (1993).
11. Lippman, S.M. *et al.*, 'Molecular epidemiology and retinoid chemoprevention of head and neck cancer', *J Natl Cancer Inst*, vol. 89(3), pp. 199-211 (1997).
    Lippman, S.M. e Hong, W.K., '13-cis-retinoic acid plus interferon-alpha in solid tumors: keeping the cart behind the horse' (editorial), *Ann Onco* (Países Baixos), vol. 5(5), pp. 391-93 (1994).
12. Block, G., 'Epidemiologic evidence regarding vitamin C and cancer, *Am J Clin-Nutr*, vol. 54, pp. 1310S-1314S (1991).
13. Cameron, E. e Pauling, L., 'Supplemental ascorbate in the supportive treatment of cancer: prolongation of survival times in terminal human cancer', *Proc Nat Acad Sci*, vol. 73(10), pp. 3685-93 (1976).

Cameron, E. e Pauling, L., 'Supplemental ascorbate in the supportive treatment of cancer: Reevaluation of prolongation of survival times in terminal human cancer', *Proc Nat Acad Sci,* vol. 7, pp. 4538-42 (1976). Jaffey, M. 'Vitamin C and Cancer. Examination of the value of Level trial results using broad inductive reasoning', *Med Hypothesis,* vol. 8(1), pp. 49-84 (1982).

14. Murata, A. e Morishige F., Congresso Internacional sobre Nutrição, Taijin, China 1981. Relatório publicado no *Medical Tribune* (22/6/81).
15. Creagan, E.T., 'Failure of high-dose vitamin C (ascorbic acid) therapy to benefit patients with advanced cancer: a controlled trial', *New Engl J Med,* vol. 301, pp. 687-90 (1979).
16. Head, K.A. 'Ascorbic Acid in the prevention and treatment of cancer', *Altern Med Rev,* vol. 3(3), pp. 174-86 (1998).
17. Block, G., op. cit.
18. Kush, L. *et al.*, 'Intake of vitamins A, C and E and postmenopausal breast cancer. The Iowa Women's Health Study', *Am J Epidemiol,* vol. 144(2), pp. 165-74 (1996).
19. Knekt, P. *et al.*, 'Serum vitamin E and risk of cancer among Finnish men during a ten-year follow-up', *Am J Epidemiology,* vol. 127, pp. 28-41 (1988).
20. Patterson, R.E. *et al.*, 'Vitamin supplements and cancer risk: the epidemiological evidence', *Cancer Causes and Control,* vol. 8, pp. 786-802 (1997).
21. Wald, N. *et al.*, 'Plasma retinol, beta-carotene and vitamin E levels in relation to future risk of breast cancer', *Brit J Cancer,* vol. 49, pp. 321-24 (1984).
22. *Int J Cancer,* vol. 65, pp. 140-44 (1996).
23. Nesaretnam, K. *et al.*, 'Tocotrienols inhibit the growth of human breast cancer cells irrespective of estrogen receptor status', *Lipids,* vol. 33(5), pp. 461-9 (1998).
24. *Journal of the National Cancer Institute,* vol. 90, pp. 440-46 (1998).
25. Albanes, D. *et al.*, 'Effects of alpha-tocopherol and beta-carotene supplements on cancer incidence in the Alpha-Tocopherol and Beta-Carotene Cancer Prevention Study', *Am J Clin Nutr,* vol. 62 (suplemento 6, pp. 1427S-1430S) (1995).
26. Baron, I.A. *et al.*, 'Folate intake, alcohol consumption, cigarette smoking and risk of colorectal adenomas', *J Natl Cancer Inst,* vol. 90(1), pp. 57-62 (1998).
27. Garland, C.F. *et al.*, 'Dietary vitamin D and calcium and the risk of colorectal cancer: a 19-year prospective study in men', *Lancet,* vol. 1 (8424), pp. 307-9 (1985).
28. Elias, M., "Vitamin D may help beat cancer', *USA Today* (26/1/89).

29. Saunders, M.P. *et al.*, 'A novel cycle adenosine monophosphate analog induces hypercalcemia via production of 1.25-dihydroxy vitamin D in patients with solid tumours', *J Clin Endocrinol Metab*, vol. 82(12), pp. 4044-48 (1997).
30. Kidd, P.M., 'Glutathione: systemic protectant against oxidative and free radical damage', *Alt Med Rev*, vol. 2(3), pp. 155-75 (1997).
31. Donnerstag, B. *et al.*, 'Reduced glutathione and s-acetylglutathione as selective apoptosis-inducing agents in cancer therapy', *Cancer Letters*, vol. 110, pp. 53-70 (1996).
32. Ohlenschlager, G. e Treusch, G., 'Reduced glutathione and anthocyans-redox recycling and redox recycling in biological systems', *Praxis-telegramm.*
33. Garcia-Giralt, E. *et al.*, 'Preliminary study of GSH I-cysteine anthocyane (Reconstat Compositum — TM) in metastatic colorectal carcinoma with relative denutrition', Sétimo Congresso Internacional sobre Tratamento Anticâncer (fevereiro de 1997).
34. Folkers, K. *et al.*, 'Relevance of the biosynthesis of coenzyme Q10 and of the four bases of DNA as a rationale for the molecular causes of cancer and a therapy', *Biochem Biophys Res Commun*, vol. 224(2), pp. 358-61 (1996). Folkers, K. *et al.*, 'Activities of vitamin Q10 in animal models and a serious deficiency in patients with cancer', *Biochem Biophys Res Commun*, vol. 234(2), pp. 296-9 (1997).
35. Lockwood, K. *et al.*, 'Progress on therapy of breast cancer with vitamin Q10 and the regression of metastases', *Biochem Biophys Res Commun*, vol. 212(1), pp. 172-7 (1995).
36. Lockwood, K. *et al.*, 'Apparent partial remission of breast cancer in "high risk" patients supplemented with nutritional antioxidants, essential fatty acids and coenzyme Q10', *Mol Aspects Med*, vol. 155, pp. S231-S240 (1994).
37. Salonen, J.T. *et al.*, 'Risk of cancer in relation to serum concentrations of selenium and vitamins A and E', *BMJ*, vol. 290, pp. 17-20 (1985).
38. *Am J Clin Nutr*, vol. 64, pp. 190-96 (1966).
39. *Cancer Epidemiol Biomarkers Prevention*, vol. 6(10), pp. 769-74 (1977).
40. Yong, L-C *et al.*, 'Intakes of vitamins E, C and A and risk of lung cancer: the NHANES I epidemiologic follow-up study', *Am J Epidemiol*, vol. 146(3), pp. 231-43 (1997).
41. Shklar, G. *et al.*, 'The effectiveness of a mixture of beta-carotene, alpha-tocopherol and ascorbic acid for cancer prevention', *Nutrition and Cancer*, vol. 20(2) (1993).
42. Willet, W.C. *et al.*, 'Prediagnostic serum selenium and risk of cancer', *Lancet*, vol. 11, pp. 130-34 (1983).

43. Yu, S-Y *et al.*, 'Regional variation of cancer mortality incidence and its relation to selenium levels in China', *Biol Trace Element Res,* vol. 7, pp. 21-9 (1985).
44. Fleet, J.C. e Mayer, J., 'Dietary selenium repletion may reduce cancer incidence in people at high risk who live in areas with low soil selenium', *Nutrition Reviews,* vol. 55(7), pp. 277-86 (1997).
45. Rayman, M., 'Dietary selenium: time to act', *BMJ*, vol. 314, pp. 387-8 (1997).
46. Ip, C. & Lisk, D.J., 'Modulation of phase I and phase II xenobiotic metabolizing enzymes by selenium-enriched garlic', *Nutr Cancer,* vol. 28(2), pp. 184-8 (1997).
47. Ip, C. & Lisk, D.J., 'Efficacy of cancer prevention by high-selenium garlic is primarily dependent on the action of selenium', *Carcinogenesis,* vol. 16(11), pp. 2649-52 (1995).
    Ip, C. *et al.*, 'Selenium-enriched garlic inhibits the early stage but not the late stage of mammary carcinogenesis', *Carcinogenesis,* vol. 17(9), pp. 1979-82 (1996).
48. Clark, L.C. *et al.*, 'Effects of selenium supplementation for cancer prevention in patients with carcinoma of the skin', *JAMA,* vol. 276, pp. 1957-63 (1996).
49. Entrevista com o dr. Gerhard Schrauzer pelo dr. Richard Passwater em *Optimum Nutrition,* vol. 6(1) (1993).
50. Negri, E. *et al.*, 'Intake of selected micronutrients and the risk of breast cancer', *Int J Cancer,* vol. 65(2), pp. 140-44 (1966).
51. Wargovich, M.J. *et al.*, 'Calcium supplementation decreases rectal epithelial cell proliferation in patients with colorectal adenoma', *Gastroenterology,* vol. 103(1), pp. 92-7 (1992).
52. Carroll, K. *et al.*, 'Calcium and carcinogenesis of the mammary gland', *Am J Clin Nutr,* vol. 54, pp. 2068-88 (1991).
53. Whelen, P. *et al.*, 'Zinc, vitamin A and prostatic cancer', *Brit J Urology,* vol. 55(5), pp. 525-8 (1983).
    Habib, F.K. *et al.*, 'Metal-androgen interrelationships in carcinoma and hyperplasia of the human prostrate', *J Endocrinol,* vol. 71(1), pp. 33-41 (1976).
    Romics, I. e Katchalova, L., 'Spectrographic determination of zinc in the tissues of adenoma and carcinoma of the prostate', *Int Urol Nephrol,* vol. 15(2), pp. 171-76 (1983).
54. Cyong, J.C. *et al.*, *J Ethno Pharmacol,* vol. 19, pp. 279-83 (1987).
55. Kazuyoshi, M. *et al.*, 'A desmutagenic factor isolated from burdock', *Mutation Research,* vol. 129, pp. 25-31 (1984).
56. Cerri, R. *et al.*, *Nat Prod,* vol. 51, p. 257 (1988).

57. Erhard, M. *et al.*, 'Effects of Echinacea, Aconium, Lachesis and Apis extracts and their combinations on phagocytosis of human granulocytes', *Phytother Res*, vol. 8, pp. 14-17 (1994).
58. Zhang, L. e Tizard, I.R., 'Activation of a mouse macrophage cell line by acemannan: the major carbohydrate fraction from Aloe vera gel', *Immunopharmacology*, vol. 35(2), pp. 119-28 (1996).
59. Nanba, H., 'MaitakeD-fraction: healing and preventive potential for cancer', *J of Orthomolecular Med*, vol. 12(1), pp. 43-9 (1997).
60. Wang, S.Y. *et al.*, 'The anti-tumour effect of Ganoderma lucidum is mediated by cytokines released from activated macrophages and T lymphocytes', *Int J Cancer*, vol. 70(6), pp. 699-705 (1997).
61. Lin, J.M. *et al.*, 'Radical scavenger and antihepatotoxic activity of Ganoderma formosanum, Ganoderma lucidum and Ganoderma neojaponicum', *J Ethnopharmacol*, vol. 47 (1), pp. 33-41 (1995).
62. Zhao, K. *et al.*, 'Enhancement of immune response in mice by Astragulus membranaceus', *Immunopharmacol*, vol. 20, pp. 225-33 (1990).
63. You, W. *et al.*, *J Natl Cancer Inst*, vol. 81(2), pp. 162-4 (1989).
64. Steinmetz *et al.*, *Am J Epid*, vol. 139(1), pp. 1-15 (1994).
65. Singletary, K. e Smith, M.A., *Traco Labs Inc, Champaign II.*
66. Kamie, H. *et al.*, 'Flavonoid-mediated tumour growth suppression demonstrated by in vivo study', *Cancer Biotherapy and Radiopharmaceuticals*, vol. 11(3) (1996).
67. Katiyar, S.K. *et al.*, 'Protective effects of silymarin against photocarcinogenesis in a mouse skin model', *Natl Cancer Inst*, vol. 89(8), pp. 556-66 (1997).
68. Zi, X. *et al.*, 'Anticarcinogenic effect of a flavonoid antioxidant, silymarin, in human breast cancer cells MDA-MB 468: induction of GI arrest through an increase in cyp concommitant with a decrease in kinase activity of cyclin-dependent kinases and associated cyclins', *Clin Cancer Res*, vol. 4(4), pp. 1055-64 (1998).
69. Kuttan, R. *et al.*, 'Potential anticancer activity of turmeric (Curcuma longa)', *Cancer Lett*, vol. 29, pp. 197-202 (1985).
    Soudamini, N.K. e Kuttan, R., 'Inhibition of chemical carcinogenesis by curcumin', *J Ethnopharmacol*, vol. 27, pp. 227-33 (1989).
70. Gerard, G., 'Therapeutique anti-cancreuse et bromelaines', *Agressologie*, vol. 3, pp. 261-74 (1972).

Parte 5

1. Epstein, S., Steinman, D. e LeVert, S., *The Breast Cancer Prevention Programme*, Macmillan, Nova York (1997).

2. Early Breast Cancer Trials Collaborative Group. 'Systemic treatment of early breast cancer by hormonal, cytotoxic or immune therapy', *The Lancet,* vol. 339 (1992).
3. 'Studies spark Tamoxifen controversy', *Science News* (26 de fevereiro de 1994).
4. Simone, C.B. 'Use of therapeutic levels of nutrients to augment oncology care', em Quillin, P. e Williams, M. (orgs.), *Adjuvant Nutrition in Cancer Treatment,* Academic Press, Tulsa, OK, vol. 72 (1992).
   Simone, C.B. *et al.*, 'Nutritional and lifestyle modification to augment oncology care: an overview.' *J Orthomolecular Med,* vol. 12(4), pp. 97-206 (1997).
5. Myers, C.E. *et al.*, 'Adriamycin amelioration of toxicity by alphatocopherol', *Cancer Treat Rep,* vol. 60, pp. 961-2 (1976).
   Simone, C.B. *et al.*, op. cit.
6. Folkers, K. e Yamura, Y. (orgs.), *Biomedical and Clinical Aspects of Coenzyme Q,* Amsterdam; Elsevier/Netherland Biomedical Press, vol. 2, pp. 333-47 (1980).
7. Nieper, H.A., 'Bromelain in der kontrolle malignen Waschstums', *Krebsgeschehen,* vol. 1, pp. 9-15 (1976).
8. Muscaritoli, M. *et al.*, 'Oral glutamine in the prevention of chemotherapy-induced gastrointestinal toxicity', *Eur J Cancer,* vol. 33(2), pp. 319-20 (1997).
9. Ziegler, T.R. *et al.*, 'Clinical and metabolic efficacy of glutamine-supplemented parenteral nutrition after bone marrow transplantation', *Ann Intern Med,* vol. 116, pp. 821-8 (1992).
10. Austgen, T.R. *et al.*, 'The effects of glutamine-enriched total parenteral nutrition on tumour growth and host tissues', *Ann Surg,* vol. 215(2), pp. 107-13 (1992).
    Souba, W.W., 'Glutamine and cancer', *Ann Surg,* vol. 218, pp. 715-28 (1993).
    Rouse, K. *et al.*, 'Glutamine enhances selectivity of chemotherapy through changes in glutathione metabolism', *JPEN,* vol. 17(28S) (1993).
    Klimberg, V.S., *et al.*, 'Glutamine facilitates chemotherapy while reducing toxicity', *JPEN,* vol. 16(1S), pp. 83S-87S (1992).

Leituras Recomendadas

Our Stolen Future, Theo Colborn, Myers e Dumanoski, Little Brown (1996).

The Feminization of Nature, Deborah Cadbury, Hamish Hamilton (1997).

Genetic Nutritioneering, Dr. Jeffrey Bland, Keats Publishing (1999).

Healing Foods, Dr. Rosy Daniel, HarperCollins (1996).

How to Live Longer and Feel Better, Linus Pauling Ph.D., W.H. Freemand and Co., Nova York (1986).

Getting Well Again, O. Carl Simonton MD, Stephanie Matthews-Simonton and James L. Creighton, Bantam Books (1978).

Cancer and Its Nutritional Therapies, Dr. Richard Passwater, Keats Publishing (1993).

Daylight Robbery, Dr. Damien Downing, Arrow Books (1988).

Sharks Don't Get Cancer, Dr. William Lane, Avery Publishing Group (1992).

Love, Medicine and Miracles, Dr. Bernie Siegel, Harper and Row Publishers (1986).

Food, Nutrition and the Prevention of Cancer: a global perspective, Fundo Internacional de Pesquisa do Câncer/ Instituto Americano de Pesquisa do Câncer (1997) — resumo disponível.

The Ecologist, vol. 28(2), (Março/Abril 1998).

The Optimum Nutrition Bible, Patrick Holford, Piatkus (1997).